AF473260

DE LA

DÉVOTION

A SAINTE ANNE.

N° 6

S.TE ANNE

MÈRE DE LA MÈRE DE DIEU

dont les reliques sont conservées dans l'ancienne Cathédrale d'Apt, en Provence.

DE LA

DÉVOTION
A SAINTE ANNE

MÈRE DE LA VIERGE MARIE

OU

Du Culte

QUE L'ON REND A SES RELIQUES

Dans l'ancienne Cathédrale d'Apt en Provence.

PAR X. MATHIEU.

Tu gloria Jerusalem,
Tu lætitia Israël,
Tu honorificentia populi nostri.

Vous êtes la gloire de Jérusalem;
Vous êtes la joie d'Israël;
Vous êtes l'honneur de votre peuple.
(Judith, chap. XV, v. 10.)

APT,

IMP. J.-S. JEAN, RUE SAINT-PIERRE, 37.

1861.

DISCOURS PRÉLIMINAIRE.

Si l'Église nous fait un devoir d'honorer les Saints qui règnent aujourd'hui glorieusement dans le ciel, si pour nous fournir le moyen de leur rendre à tous, à ceux qu'elle connaît, comme à ceux, plus nombreux encore, dont elle ignore les noms, un culte public et général et que guidée par cette religieuse et salutaire pensée, elle ait désigné un jour dans l'année où elle réunit toutes leurs fêtes en une seule solennité, son but, en cela, a été de nous engager à les prendre pour modèles, par la considération du bonheur dont ils jouissent. Elle a voulu aussi, cette bonne mère, nous porter à bénir la divine Providence de les avoir si libéralement récompensés, et nous exciter encore à prier ces amis de Dieu, de s'intéresser vivement à notre salut, afin qu'encouragés par leurs exemples et soutenus de l'appui de leurs suffrages, nous marchions d'un pas ferme et hardi sur leurs traces, et méritions d'arriver un jour à la même couronne.

Mais parmi cette foule innombrable d'intercesseurs de *tout âge, de toute condition, de tout état et de toute nation* qui, avec les mêmes difficultés que nous et de plus grandes encore, sont cependant parvenus au terme où ils aspiraient et auquel ils nous invitent, chaque ville, chaque province, chaque royaume et même chaque individu a de plus pour patron et tuteur un de ces bienheureux qui veille d'une manière particulière sur ses besoins, toujours attentif et appliqué à écouter les vœux qui lui sont adressés et toujours prêt à les déposer devant le trône de Dieu.

Il était tout-puissant sur la terre, ce protecteur, dit St-Bernard, il l'est encore plus dans le ciel. Si pendant sa vie mortelle, il était touché de compassion pour les pécheurs et priait pour eux, comment ne prierait-il pas présentement pour nous, et avec d'autant plus d'ardeur qu'il connait plus parfaitement nos nécessités et nos misères? Le ciel n'a point changé ses dispositions, il n'a fait qu'augmenter sa charité.

Cependant, de tous les heureux prédestinés auxquels nous devons hommage et vénération pour l'intérêt qu'ils nous portent et les bienfaits qu'ils répandent avec tant de bienveillance sur nous, en est-il qui mérite plus notre amour, nos respects et notre confiance, après Marie, que Ste-Anne, sa mère, notre illustre Patronne, dont nous avons le bonheur de posséder ici les précieux ossements!

Quelle contrée, en effet, quelle ville plus favorisée, plus heureuse que la ville d'Apt, placée sous une plus haute protection, qui ait une avocate plus puissante et d'un crédit auprès de Dieu plus étendu!

Eh bien! c'est de ce privilège singulier que, dans son infinie miséricorde, la divine sagesse a daigné nous accorder, dont nous allons nous occuper.

Telle n'était pas, en premier lieu, notre pensée; nous n'avions d'abord à rédiger qu'une simple adresse qui devait être présentée à l'Impératrice Eugénie, dans le but d'obtenir de Sa Majesté, en vue de ce que nous possédons le corps sacré de la mère de la mère de Dieu, un objet d'art quelconque, en faveur d'une loterie qui, en portant le nom béni de cette illustre Sainte, avait l'insigne avantage d'être placée sous son glorieux patronage. Notre œuvre achevée, fut jugée trop longue et réduite à de moindres proportions; quant à nous, guidé par des raisons d'un ordre supérieur, nous formâmes, incontinent, le projet de mettre à profit tous les matériaux que nous avions ramassés avec beaucoup de soins et de peines et en ayant recueilli d'autres depuis, nous nous sommes alors efforcé d'en coordonner les différentes parties, de les lier entr'elles de manière à en faire un tout, un ouvrage dont la lecture pût contribuer à ranimer chez nos concitoyens et chez les populations qui nous entourent, cette douce, cette tendre dévotion à Ste-Anne qui fut, jadis, l'ornement et la gloire de la cité et du diocèse,

Ce sujet, nous le savons, demanderait des lumières plus grandes que les nôtres, une plume plus exercée, un langage plus correct, un style plus soigné ; mais la voie dans laquelle nous entrons reste libre et ouverte, et si nous ne parvenons pas à donner un travail tel qu'on a le droit de l'exiger, ce que nous allons dire pourrait, du moins, un jour, servir à quiconque voudrait traiter la même matière. Dans ce cas, et sous ce point de vue, nous ne regretterons jamais d'y avoir employé nos loisirs.

On l'a dit, et il y a dans ces paroles un tel accent

de vérité, qu'elles ont été déjà bien souvent répétées et elles continueront à l'être dans la suite des temps : *La Religion est la gardienne vigilante des mœurs, elle en a toujours été et elle en est aujourd'hui parmi nous plus que jamais, le ressort principal (1). La Religion est le meilleur garant que l'on puisse avoir de la probité des hommes, et elle qui ne semble se proposer d'autre objet que la félicité de l'autre vie, fait encore la félicité de celle-ci (2).* Par conséquent, toutes les pratiques inspirées par elle, admises, sanctionnées par elle, portant les peuples à observer avec une plus rigoureuse exactitude les lois et les ordonnances qu'elle prescrit, — méritent et exigent de notre part respect et soumission; car de cette constante fidélité à ses enseignements, dépendent la prospérité et le bonheur de la famille, comme aussi le bonheur et la prospérité de l'État. Et c'est troubler cette sainte et belle harmonie qu'elle produit et s'efforce de conserver dans la société, que de chercher à en atténuer d'une façon ou d'autre la salutaire influence et d'amoindrir par là son autorité. Ce qui a fait dire à M. le comte de Maistre qu'il n'y avait que des hommes légers qui eussent ri de la Ste-*Ampoule*, sans songer que la Ste-Ampoule est un hiéroglyphe et qu'il ne s'agit que de savoir lire. (3)

(1) *L'Ami des hommes, ou Traité de la population*, in-12, page 120. (Hambourg, 1758).

(2) Montesquieu.

(3) *Principe générateur*, par M. le comte Joseph de Maistre, page 42. — Paris : 1851.

Sainte-Anne, mère de la Très-Sainte Vierge, dont les reliques sont conservées dans l'ancienne cathédrale d'Apt, en Provence.

PREMIÈRE PARTIE.

Par une prédilection spéciale de la divine Providence, la ville d'Apt, notre patrie, a, depuis bientôt dix-huit siècles, l'inappréciable avantage d'être la dépositaire du corps de Ste-Anne, mère de la glorieuse Vierge Marie. Ces précieuses reliques furent apportées de la Palestine par ceux qui, dès le principe, vinrent prêcher l'Évangile dans nos contrées et confiées ensuite à St-Auspice, disciple du pape St-Clément, notre premier évêque. D'après une tradition vénérable et sacrée par son antiquité, ces missionnaires étaient St-Lazare, ses Sœurs, les Stes-Maries Jacobé et Safomé (1) dont l'arrivée en Provence n'est plus un évènement douteux pour personne. Un savant Sulpicien (2) en a démontré la vérité et celà sans replique. Il existe, on le sait (3) d'autres versions sur le fait historique que nous traitons, mais toutes concourent au même but; toutes affirment la même chose ; c'est là l'essentiel pour nous ; le reste, si celle-ci l'emporte sur celle-là, n'est qu'une affaire secondaire dont nous ne devons pas trop scrupuleusement nous occuper ; et même, cette diversité de sentimens, loin d'affaiblir notre tradition, semble au contraire lui donner une plus grande sanction par l'accord unanime qui existe sur le sujet principal.

Un martyrologe très-ancien, conservé autrefois dans les archives du Chapitre avec le plus grand soin, parlait de cette translation du corps de Ste-Anne. Plusieurs auteurs (4) disent qu'il fut porté d'Orient en Occident et déposé dans les Gaules ; mais où se fit ce dépôt ! Aucune ville de cette partie de l'Empire Romain ne revendiqua jamais pour elle l'honneur de le posséder tout entier, si

(1) Bréviaire de l'évêque Jean Nicolaï. Lyon 1532. *Sépulcre de Mad. Ste-Anne*. par Legrand.

(2) Ouvrage sur St-Lazare, Ste-Marthe et Ste-Magdeleine, par l'abbé Faillon.

(3) Dissertation inédite sur les reliques de Ste-Anne, par M. de Remerville qui, pages 25 et 27 du manuscrit de 1714 que nous possédons, regarde la version indiquée ici comme la plus exacte, quoique de son temps, plusieurs écrivains eussent nié, sur l'autorité de Launoy, la venue de St-Lazare et de ses sœurs en Provence. Ce problème est résolu aujourd'hui ; nous venons de le montrer.

(4) Tritemius, *de laudibus sanctæ Annæ*. Joannes de Montevilla, *in itinerario*, et d'autres que nous ferons connaître tout à l'heure.

ce n'est celle d'Apt. C'est donc ici un fait accepté et reconnu; de là aussi notre point de départ. Mais avant, il est nécessaire d'observer, avec M. de Remerville, (1) qui avait étudié la question et l'avait approfondie avec un soin minutieux, vérifié les actes, consulté les ouvrages qui pouvaient l'éclaircir, que toutes les parcelles de reliques de la Sainte, conservées dans certaines églises d'Europe sont apocryphes, si elles ne viennent de notre ville. Les unes ont des titres qui le constatent, d'autres possèdent des parties d'ossements qui n'ont plus été trouvées ici en faisant l'inventaire ; ce qui doit être une preuve suffisante de leur authenticité.

Pour soustraire à la profanation des payens un aussi grand trésor et le conserver dans son intégrité aux siècles à venir, le St. Évêque le cacha avec précaution dans un petit oratoire qu'il fit élever, afin de remplir les fonctions de son ministère d'une manière plus conforme à la haute sainteté de leur caractère, car jusqu'alors il n'avait annoncé la parole de Dieu que dans les rues et les places publiques et administré les sacrements aux néophytes dans les maisons particulières (2). Agrandi sous l'Empire de Gallien, cet oratoire, que le pieux évêque avait consacré à Marie, devint notre première cathédrale qui, détruite d'après l'édit de Dioclétien, donné à Nicomédie, le 24 février de

(1) *Histoire de l'église d'Apt* en manuscrit, par le même M. de Remerville.

(2) *Histoire de l'église d'Apt* en manuscrit, *Mission de St-Auspice*, par Marmet de Valcroissant.

l'an 303, fut rebâtie par St-Castor dans l'intervalle de 400 à 419, sur l'emplacement et avec les débris d'un amphithéâtre qu'un zèle ardent pour la religion porta à démolir, ajoutant à son premier et glorieux titre, *ecclesia sanctæ Mariæ sedis Aptensis*, le nom de son nouveau fondateur et *sancti Castoris*.

Les sacrés ossements de la Sainte furent alors mis dans une crypte souterraine au-dessous du grand autel. Le corps de notre bienheureux apôtre qui avait souffert un long et cruel martyre, vers l'an 102 de l'ère chrétienne, y fut également déposé avec ceux des deux compagnons de son apostat: Euphrasius et Émilien, et ceux aussi de plusieurs autres confesseurs; ce qui a fait appeler cette grotte, *sepulcra sanctorum*.

Plus tard, à une époque de bien lamentable mémoire, les prêtres de l'église placèrent encore dans ce lieu tout ce qu'on avait de saint et de sacré; la porte alors (1) en fut soigneusement murée et recouverte de terre pour mettre tous les objets précieux qu'il renfermait en plus grande sûreté et tout à fait à l'abri des insultes des Lombards d'abord, et puis des Saxons qui vers l'an 574 (2) se ruèrent sur la Provence. Les barbares dans les deux invasions, semèrent l'épouvante et la mort partout où ils pénétrèrent, (3) les pre-

(1) *Festum sacræ inventionis venerandi corporis beatæ Annæ.*

(2) Nous n'avons pas suivi cette date dans notre Traité sur le siège épiscopal d'Apt et sur la cathédrale, mais celle qui nous a été fournie par les manuscrits que nous avons consultés.

(3) Voyez St-Grégoire de Tours. *Histoire des Français.*

miers détruisirent notre ville de fond en comble (1) et l'historien Paul Diacre assure que d'autres, considérables, disparurent sans qu'on sache, aujourd'hui, le lieu qu'elles occupaient. Mais ils ne jouirent pas longtemps du fruit de leur brigandage. Deux de leur généraux sont écrasés par le Patrice Mummol, Rhodanus sur les bords de l'Isère et Zaban près d'Embrun. Amon, le ravageur de la partie méridionale de la contrée, saisi de terreur s'enfuit précipitamment en Italie où il ne ramène qu'une portion de son armée, abandonnant son butin et tout ce qu'il avait enlevé dans le sac des villes (2).

La cathédrale, reconstruite dans le commencement du 8me siècle, fut de nouveau renversée par les Sarrasins qui, à leur tour, firent irruption dans notre pays infortuné dont heureusement cependant ils n'ont jamais pu se rendre maîtres, malgré leurs efforts souvent réitérés. Cette fois il doit son salut à la diligence et à la bravoure de Charles-Martel; il accourt en 732, suivant les annales de Fuldes, il les attaque et triomphe de leur nombre comme de leur valeur, et quelques années après (739), les mêmes peuples sont exterminés dans le voisinage de Narbonne par le même héros (3) qui détruisit alors en Languedoc, presque entièrement le royaume des Visigoths. Ainsi la

(1) Histoire manuscrite de la ville d'Apt.

(2) Papon. *Histoire de Provence*, tome II, pages 61 et 62.

(3) Suivant Génébrard en 736 et en 739, *Chronologie*, livre III. *Les annales de Fuldes* ont été admises et suivies par tous les savants.

France retira de cette dernière expédition un double avantage.

Cependant nos saintes reliques restèrent dans la crypte, toujours ignorée, au milieu de ruines et de décombres, jusqu'au règne de Charlemagne. Ce religieux prince, dont la sollicitude pour soulager la misère du peuples était sans bornes, s'applique à faire disparaître, dans nos contrées, les dernières traces du passage des horbes barbares. En conséquence, il ordonne que l'on réédifiât notre cathédrale, ainsi que plusieurs autres églises de la Province. En retournant d'Italie en 776 (1) après avoir châtié les Lombards, il se re-

(1) *Études historiques*, par M. l'abbé Rose. Voyez à la fin de son ouvrage la dissertation sur l'invention des reliques de Ste-Anne.

Il est vrai, cette date n'est pas celle qui est généralement admise ; on conteste même la présence de Charlemagne à la découverte des reliques qui eut lieu suivant les légendes en 792. Quelques-uns alors, pour se dégager de certaines difficultés que l'histoire semble offrir, imputent ce fait à Charles Martel ou à Charles le Chauve, qui sont venus, en effet, l'un et l'autre en Provence combattre les Sarrasins, le premier en 732 et 739 et le second un peu après le milieu du siècle suivant. La question ne roulerait donc que sur une circonstance et non sur le fond. Ainsi on a pu attribuer au grand père ce qui regarderait peut-être le petit-fils. Notez que celui-ci porte encore, par là, le surnom de grand, *Carolus magnus*, ou bien encore à Charlemagne, ce qui appartiendrait à son aïeul.

Quoiqu'il en soit, la révélation a été universellement reconnue ; le savant M. de Remerville le démontre clairement dans sa dissertation sur les Saintes Reliques et particulièrement dans le IVe chapitre, et avant lui plusieurs auteurs respectables ; mais par dessus tout, elle a la grande, l'imposante autorité de dix siècles au moins de croyance.

Encore une fois, voilà l'essentiel pour nous ; nous n'avons pas à nous préoccuper d'un incident, laissons-le aux érudits. On verra dans la suite de notre travail les titres qui appuyent cette tradition.

L'histoire nous présente très-souvent des faits certains, quoique d'une date incertaine. Parcourez surtout celle des peuples anciens ;

posa quelques jours à Apt où il passa les fêtes de Pâques de cette année; le jour de l'Octave, 17 avril, pendant qu'il assistait, avec toute sa Cour, à la consécration de l'église cathédrale nouvellement construite, présidée par Turpin, archevêque de Reims, son aumônier, Dieu révéla le lieu qui renfermait le dépôt sacré à un jeune baron, nommé Jean, fils du seigneur de Cazeneuve, aveugle, sourd et muet de naissance, qui reçut l'usage de ses sens au moment de cette découverte, d'après les indications données par lui, et avec transport s'écria : — ICI REPOSE LE CORPS DE STE-ANNE, MÈRE DE LA GLORIEUSE VIERGE MARIE. Témoins de ce prodige, les assistants, ivres de joie, entonnent des chants d'allégresse et adressent à Dieu de ferventes actions de grâces pour le don inespéré qu'il vient de leur faire (1).

vous en trouverez à chaque page. L'Écriture, même, diffère sur les années du monde dans les Septante et la Vulgate. Mais qu'importe à l'histoire cette différence, dit Bossuet? Ces siècles, que le premier texte ajoute, sont vides, il n'y a rien à raconter. L'ère chrétienne vulgaire, suivant quelques auteurs, n'est pas exacte aussi ; nous serions en avant de 4 à 5 ans (Godescard, 29 juin ; Gédéon Bresson, *Histoire du Calendrier*). Voyez de plus ce que nous avons dit de Charles Martel qui vint en Provence, en 732, et d'après Génébrard en 736; et encore les Annales de Metz attribuent cette expédition à son frère le duc Childebrand ; la vérité est qu'ils s'y trouvèrent tous les deux. Le corps de St-Jacques fut découvert à Compostelle, d'après Férreras, en 808. Mais cette date est loin aussi d'être adoptée par tous les écrivains, car cet auteur ajoute qu'on ne peut savoir avec certitude l'année fixe où l'on trouva le corps du Saint apôtre de l'Espagne; les uns disent que ce fut en 835, d'autres en 825, d'autres en 816, et Mariana en 794.

Histoire d'Espagne, par Férreras, traduction de M. d'Hermilly : 2e volume, page 549.

(1) *Histoire de l'église d'Apt*, page 64.

Vers la fin du mois de décembre 415, les corps de St-Etienne,

Dès lors, notre ville devint le centre d'une dévotion qui fut par la suite une source de grâces et de bénédictions pour les fidèles d'alentour. Heureuse époque qui ouvre à la cité une ère nouvelle de gloire et de célébrité. Mais les irruptions si souvent renouvellées des Sarrasins qui ne furent entièrement chassés de la Province qu'en 973 par Guillaume Ier, comte d'Arles, fils de Bozon II (1), mais les troubles et les dévastations de tout genre, les guerres et les calamités effroyables qui désolèrent nos contrées. Pendant plus de trois siè-

Gamaliel, Nicodème et Abidas furent trouvés par révélation à Caphamargala, à vingt milles de Jérusalem. (Godescard, 3 août). Celui de St-Jacques fut découvert de la même manière à Compostelle où il avait été caché à cause des Sarrasins. Outre Férreras, voyez encore Génébrard, *Chronologie*, livre III, pénultienne verset. A Milan, les reliques des Saints Gervais et Protais sont aussi trouvées miraculeusement; le lieu où elles étaient fut révélé à St-Ambroise par une vision qu'il eut dans un songe, *St-Augustin*, *Cité de Dieu, l.* 22, *C.* 8. *Confessions l.* 9, *ch.* 7. *Paulin, in vitâ Ambrosii.*

Lors de sa découverte, le corps de Ste-Anne était revêtu d'une écharpe (*Histoire de l'église d'Apt*, page 60) à laquelle il paraît qu'on substitua plus tard un voile conservé encore dans une fort belle urne en cristal, connu sous le nom de *voile ou de suaire de Ste-Anne*. Suivant un savant professeur d'arabe au collège de France, ce voile serait une écharpe Egyptienne qui, prise dans la première croisade, aurait été apportée par l'évêque, ou tout autre seigneur de la ville faisant partie de l'expédition; elle est très-remarquable par sa haute antiquité, la finesse du tissu, une longue inscription et les figures monstrueuses qui lui servent d'ornements. Nous citons cette opinion qui peut être vraie, mais sans la garantir, car il pourrait se faire que ce voile fut plus ancien encore et même que celui dans lequel les reliques furent trouvées. Au reste c'était le sentiment de M. de Remerville et de Mgr Marie-Joseph de Suarès, évêque de Vaison.

Legrand, dans son ouvrage : *Sépulcre de Mad. Ste-Anne*, donne comme authentique une lettre de Charlemagne au pape Adrien pour lui faire part de la découverte du corps de Ste-Anne à Apt et la réponse du pape.

(1) Papon, *Histoire de Provence*, t. II, pages 170 et 171.

cles (1), comprimèrent cet élan de la piété et furent même cause que les ossements sacrés restèrent délaissés dans leur tombeau (2). Toutefois, tant et de si longs désastres portèrent les pasteurs, les princes et les peuples à tourner leurs pensées vers Dieu, et des jours plus sereins succédant enfin à des jours si orageux, le culte, le doux culte de Ste-Anne se développe, se propage et se perpétue à travers les siècles jusqu'à nous. Faible dès le principe, comme toute chose ici-bas, il grandit. En effet, nous voyons des églises s'élever bien vîte en l'honneur de la Sainte dans les lieux circonvoisins. L'ancienne paroisse de l'Isle lui est consacrée. Elle perd dans le douzième siècle son titre de paroisse, mais elle conserve toujours celui d'église de Ste-Anne. Nous voyons en 1252 plusieurs évêques employer ses reliques à la consécration des autels (3); quatre ans après, et le 14 avril, Raymond Ollier venir de Paris à Apt lui rendre ses vœux et fonder en son honneur, dans la Cathédrale une chapelle, à laquelle son père fait un legs important par son testament de l'an 1264. Nous voyons Benoit XII donner en 1338

(1) Papon, *Histoire de Provence*, t. II, années 739, 869, 890, 924, 942, 973, 1044, p. de 144 à 187. De Remerville, *Histoire civile*.

(2) Les premiers Chrétiens écrivaient fort peu à cause des alarmes continuelles dans lesquelles ils vivaient Certes! quand pour conserver sa vie et sa foi on est obligé de se cacher dans les creux des rochers, on est peu disposé à faire connaître à la postérité l'histoire d'un temps si nébuleux. St-Augustin et St-Grégoire de Tours donnent les mêmes raisons pour justifier les Pères d'alors de nous avoir laissé si peu d'ouvrages. Ainsi l'obscurité que l'on rencontre dans nos annales religieuses de ces siècles et des siècles antérieurs est produite par les mêmes causes.

(3) Archives de la Chartreuse de Montrieux. Guesnay. *Annales de Marseille.*

une Bulle qui règle l'emploi des offrandes des fidèles. Cependant cette dévotion devint plus célèbre en 1365, surtout en 1373. A la première de ces dates, une maladie épidémique fit en peu de temps beaucoup de ravages dans Apt, sans qu'on pût trouver le moyen d'en arrêter le cours. Dans cette extrémité, une personne pieuse atteinte se vouant à Ste-Anne, recouvre miraculeusement la santé. Chacun alors implore son intercession, et le soulagement qu'on éprouve devient si prompt, qu'on ne douta point qu'il n'y eût là une véritable protection du ciel. Mais en 1373 le peuple est pleinement confirmé dans cette croyance. La ville, cette année là, profondément affligée, se met sous la protection de la Sainte, par un vœu public de ses magistrats et elle est délivrée d'une maladie qui, dégénérant en cruelle peste, désole la province. Les étrangers éprouvent les mêmes effets, ayant eu recours aux (1) mêmes moyens. Dès lors le zèle et la dévotion des peuples pour la glorieuse Mère de Marie sont sans limites ; on se rend en foule à son tombeau. Déjà et par avance, son nom avait été ajouté aux litanies ; de plus, sa fête qui de toute antiquité ne se célébrait à Apt le 26 juillet, contre l'usage de l'église romaine, que parce que cette ville était en possession de ses Reliques, est entourée d'une bien plus grande pompe. Les papes Sixte IV et Jules II permettent de la faire de 1re classe avec Octave, ce qui ne se pratiquait en aucun autre lieu du

(1) Tiré des Archives de l'Hôtel-de-Ville.

monde. Ce n'est qu'en 1584 qu'elle a été rendue générale par Grégoire XIII (1) et son image en re-

(1) On trouve dans un ancien bréviaire manuscrit un office de Ste-Anne fort long que l'on récitait avant l'introduction des bréviaires particuliers. Outre la fête principale de la Sainte, on en célébrait encore deux autres à Apt dans le courant de l'année. Comme nous le dirons bientôt, de plus le 1er mardi de chaque mois on chantait dans la chapelle les litanies composées en son honneur suivies de la bénédiction du Saint-Sacrement. La niche des saintes reliques n'était jamais ouverte qu'en présence de deux membres du chapitre en étole et que préalablement quatre cierges n'eussent été allumés.

D'après l'indult du 9 avril 1802, sanctionné par la loi du 29 germinal an X (20 avril même année), toutes les fêtes en France tant générales que patronales et diocésaines, excepté quatre, sont renvoyées au dimanche quant à la solennité. Dès lors celle de Sainte-Anne, soumise à cette règle, fut toujours célébrée ce jour-là avec la pompe ordinaire. L'office public était tout entier en l'honneur de la Sainte et *propre*. Mais depuis trois ans seulement, un nouvel ordre de choses est venu modifier l'œuvre du cardinal légat, si bien en harmonie cependant avec l'esprit et les dispositions du Concordat. D'après cette mesure, il n'est plus conservé qu'une *partie* de ce culte extérieur rendu à la Sainte, quand la solennité se trouve être remise au Dimanche, et cette *partie* alors est tout ce qui reste de la grande, de l'imposante fête d'autrefois !!!

Déjà et bien antérieurement les fêtes de St-Elzéar et de Ste-Delphine, sa glorieuse et digne compagne, avaient subi un changement bien plus fâcheux encore ; ici le culte extérieur n'existe plus, il est tout à fait supprimé, du moins à peu de chose près. De St-Elzéar, un des plus grands saints de ces derniers temps ! Patron de la Provence, dont les États-généraux avaient demandé et poursuivi la canonisation ; duquel nous avons, ainsi que son épouse vierge, le bonheur et l'avantage de posséder, non une relique insigne, mais les corps en entier, qui ont tant contribué à illustrer cette ville.

Nous disons tout ceci pénétré de la plus amère douleur, convaincu que la foi d'un grand nombre tient souvent à la conservation des traditions et des usages religieux consacrés par les siècles.

Ces fêtes n'avaient pour objet que la piété ; aucune réjouissance profane ne venait les distraire, on ne l'aurait pas souffert ; les populations voisines étaient invitées à celle de Ste-Anne par des lettres circulaires que leur adressait le Chapitre.

Les pèlerins qui accouraient au tombeau de St-Elzéar étaient quelquefois si nombreux, qu'on était alors obligé de dresser des tentes autour de l'église des Cordeliers, afin de pouvoir leur procurer un

lief, riche par le travail comme par la matière est exposée à la vénération des fidèles. L'évêque Jean Fillety, neveu du Cardinal de la Grange, engage ses diocésains à coopérer à cette bonne œuvre, par une lettre pastorale que nous avons encore.

abri. Grégoire XI, dans sa bulle par laquelle il notifie *urbi* et *orbi*, à la ville et au monde, la canonisation du Saint, dit : *qu'il est juste d'accorder sur la terre des honneurs à celui que Dieu comble de gloire dans le ciel* et il observe que son prédécesseur avait *ordonné de célébrer chaque année avec grande révérence la fête du nouvel élu* (*Études historiques*, par M. Rose, p. 397), ce qui a été pratiqué très-exactement jusqu'à la révolution. L'office était *propre* et très-solennel. Les Reliques transportées à la paroisse, le rit solennel qui y était attaché devait les suivre ; quand on accepte un héritage, on en accepte les charges. On se contenta de faire l'office double des Confesseurs-non pontifes, mais il y a une vingtaine d'années que cet usage même est annulé.

On conservait dans les archives de la ville le procès-verbal de la canonisation du Saint. Depuis un certain laps de remps, quarante-huit ans environ, il a disparu. Qu'est-il devenu? Où est-il actuellement? Toutes nos recherches, jusqu'à ce jour, ont été vaines et infructueuses. Perte à jamais déplorable pour la religion et l'histoire !

La valeur de cette pièce estimée à prix d'argent serait de plusieurs et puis encore de plusieurs milliers de francs. Je dis ceci pour en faire comprendre l'importance à une certaine classe de personnes. Nous avons exprimé ailleurs le regret que nous éprouvions de l'enlèvement d'un objet d'art du moyen âge, fait dernièrement à l'église. La perte ici est autrement grande, c'est une véritable spoliation, et quels termes assez énergiques pour flétrir un acte aussi déloyal ? On trouve à la mairie la procédure dressée par l'archevêque d'Aix et l'évêque de Vaison pour la canonisation de Ste-Delphine.

Nous dirons aussi que la vie du Saint a été écrite dans presque toutes les langues de l'Europe. Dernièrement encore un de nos amis, à Marseille, en a découvert une en latin imprimée à Munich et une autre en italien imprimée à Venise.

Nous nous écartons de notre voie en parlant de St-Elzéar et de Ste-Delphine; mais notre sujet semble nous y autoriser ; ainsi nous avons cru pouvoir exprimer en toute humilité, par quelques paroles de doléances, combien la ville avait été froissée dans son amour et son dévouement envers ces deux illustres saints qui sont une de ses gloires, en voyant à peu près toute solennité retranchée de leur culte.

Elle est du 14 novembre de l'année 1407. Cet appel du pasteur fait au troupeau, est entendu. Delphine de Sabran lègue cent florins d'or, des personnes de tout rang offrent ce qu'elles ont de plus précieux et le buste, riche et bel ouvrage d'orfèvrerie, que nos pères ont vu et qui nous a été ravi par la révolution, est béni solennellement et reçoit les parties du crâne de la Sainte, que l'on conservait encore alors.

En effet, quelle dévotion plus agréable à Dieu et plus utile aux fidèles ? Les trésors de grâce et de miséricorde qui ont été mis entre les mains de Marie, ne se trouvent-ils pas en quelque sorte entre les mains de sa mère, et ce que les Pères de l'Église disent du pouvoir de la Sainte-Vierge auprès de son divin fils, ne peut-on pas le dire de celui de Ste-Anne auprès de sa fille bénie? Dès-lors pourrait-elle être sourde et insensible aux prières d'un cœur bien disposé qui s'adresserait à elle dans un moment de cruelle détresse? Oh ! non ! car l'église la salue : le Réfuge des pécheurs, le secours des chrétiens, la santé des malades, la consolation des affligés. *Sancta Anna, refugium peccatorum, auxilium christianorum, medecina infirmorum, solatium afflictorum.*

C'est donc avec raison que la ville est fière et s'applaudit d'avoir une si puissante patronne; elle place en elle sa confiance et elle n'est point confondue. Là elle trouve un appui, une force qui ont toujours été, pour la cité, une sauve-garde assurée dans les dangers les plus imminents. Les fléaux de tout genre la respectent ou ne font que l'effleurer, et sa foi que l'hérésie veut lui arracher, sort de cette dangereuse épreuve plus pure et plus brillante que jamais. C'est en vain qu'elle est assiégée par les redoutables ennemis de sa religion (1) et que leur artillerie la foudroie pendant trois jours consécutifs ; c'est en vain qu'ils employent contre elle de nouveaux moyens de destruction (2). Il y a ici une vertu qu'ils ignorent, une puissance supérieure à la leur qui la défend (3).

Et de nos jours, quand une maladie inconnue aux siècles passés, déjoue, par sa malignité, la science comme les prévisions humaines et jette à des périodes réglées la désolation et la mort partout, quand les villes du voisinage sont plus ou moins affligées, Apt, alors, élève des mains suppliantes vers sa patronne, et seule elle est épargnée, à cinq différentes reprises, quoique de tous les lieux déjà infestés on soit venu chercher asile dans ses murs (4).

(1) Siège d'Apt par le baron des Adrets. en 1562.

(2) Les pétards, sorte d'artillerie dont on se servait alors pour faire sauter les remparts La ville fut sauvée d'une manière qui tient du prodige. Pour en remercier la Sainte, on fit pendant un siècle une procession dites *des pétards* ; (*Histoire d'Apt*, pages 292 et 293).

(3) *Histoire d'Apt*, par M. Bose, voyez la note p. 272.

(4) Pour transmetre à la postérité la mémoire d'une protection si visible, la ville d'Apt reconnaissante aurait dû faire élever un monument quelconque à la gloire de sa patronne, ou du moins dresser en un grand nombre d'exemplaires les procès-verbaux des processions faites en actions de grâces. Nous serions heureux si les lignes que nous écrivons pouvaient en quelque manière suppléer à cet oubli. Mais qu'on nous permette d'ajouter à cela encore un fait : c'est un besoin de notre cœur de le publier, car il témoigne de la haute piété de nos concitoyens pour Ste-Anne et de la grande confiance qu'ils ont en

Ne nous étonnons donc plus si dans des temps de foi, des milliers de pèlerins de toutes conditions, soient venus à Apt, souvent des contrées les plus éloignées, pour honorer les précieux restes de l'Auguste Mère de la Vierge Marie et réclamer son secours dans les calamités publiques, comme dans les calamités particulières.

Ainsi, on a vu dans cette ville des communautés religieuses et des députations de communautés civiles (1). On a vu des papes, des rois, des cardinaux, des princes, des ducs, des généraux d'armée, des gouverneurs de provinces. Urbain II y vint en 1096, Urbain V le 22 octobre 1365, accompagné de quatre cardinaux, dont l'un, Pierre de Beaufort, fut son successeur sous le nom de Grégoire XI, la Reine Jeanne et son royal époux Jacques d'Arragon de 1373 à 1376, Louis II, roi de Naples et comte de Provence et sa mère Marie de Blois en 1386, St. Pierre de Luxembourg même année (2), le bon roi

elle. Fortement menacés du choléra à différentes époques, pendant ces fâcheuses circonstances, on avait dressé dans un très-grand nombre de maisons de la ville de petits oratoires en l'honneur de la Sainte, où tous les jours la famille ou du moins les membres les plus pieux lui adressaient en commun de ferventes prières pour que la cité fût préservée du fléau.

(1) Les pénitents gris de Beaucaire vinrent à Apt le 21 avril 1613. Les pénitents violets de Manosque, en 1661. Les pénitents blancs de La Tour-d'Aigues, en 1664. Les pénitents bleus de Salon, en 1664. La ville de Villeneuve-St-André, le 24 août 1665. Sorgues sur le Rhône venait toutes les années rendre ses vœux à Ste-Anne; depuis la révolution on va en procession à une chapelle rurale située sur une colline, et là les prières et les oraisons sont adressées à la Sainte, les assistants étant tournés du côté de la ville d'Apt.

(2) Clément VII nomma St-Pierre de Luxembourg évêque de Metz en 1384, et puis cardinal sous le titre de St-Georges. Il vint alors à Avi-

Réné d'Anjou en 1470. Par lettres patentes du 28 janvier 1445, ce prince confirme les privilèges du chapître de notre église en considération de ce qu'il est dépositaire du corps de Ste Anne ; François 1er en 1537, la comtesse de Tende en 1553, le cardinal de Conti, évêque d'Ancône, le 18 octobre 1604, le vice-légat d'Avignon et le maréchal de Vitry, le 26 juillet 1633 ; celui-ci était accompagné de l'archevêque d'Aix et de tous les procureurs du pays. Ce haut dignitaire se rendit encore à Apt le 15 avril 1635 ; le lendemain le duc d'Angoulème ; le comte d'Alais, le 4 septembre 1645 ; quelques jours après, le connétable de Lesdiguières et le vice-légat d'Avignon ; les officiers du régiment de Mercœur députent leur aumônier le 4 janvier 1655 ; la reine Anne d'Autriche, avec ses dames d'honneur, le 27 mars 1660. Le cardinal Anglicus, frère du pape Urbain V, avait fixé sa demeure à Apt. Il est vrai, présenter leur vœu à Ste-Anne, vénérer ses précieux ossements, n'ont pas été pour quelques-uns de ces grands personnages les motifs déterminants qui les appelait à Apt ; n'importe ! quand tant de pieux fidèles de tout rang y venaient dans ce but, même de fort loin, ils ont dû bénir la cause qui les mettait, eux aussi, dans le cas de pouvoir lui rendre leurs hommages. Nous n'avons donc pas cru devoir les retrancher du nombre de ceux dont la

gnon et dix mois après sa promotion il tombe malade et meurt le 2 juillet 1387. Ainsi, il ne passa dans cette ville que les derniers instants de sa vie ; il n'a donc dû se rendre à Apt que dans l'année indiquée ici, 1386.

présence dans ce lieu semble ajouter à la gloire de notre illustre et sainte patronne (1). Les dons offerts et reçus dans ces mémorables circonstances étaient, par leur richesse et leur valeur, dignes des personnes éminentes qui les présentaient, et servirent à faire de notre cathédrale un édifice remarquable autant par sa construction, (quoiqu'il soit un assemblage de plusieurs genres d'architectures), que par les beaux et nombreux tableaux qui l'embellissent, résultat encore des offrandes faites à la sainte ; et malgré les grandes sommes appliquées à ces divers objets, le trésor de la chapelle au moment de la révolution était encore alors très-important. (Voir la 2me partie, — article *Offrandes.*)

Nous croyons qu'il n'est pas hors de propos de faire observer ici, que si, à toutes les époques, on a remarqué dans la population de cette cité, une bonté et une douceur de caractère qu'on ne rencontre pas toujours ailleurs, elle en est redevable, sans nul doute, au contact toujours incessant de ces nombreux étrangers, sortis de toutes les classes de la société, que la piété, dans ces temps religieux, attirait dans notre ville. Toute autre cause peut bien, nous le savons, adoucir et polir les mœurs, mais il est donné à la religion catholique seule, d'enfanter cette divine et

(1) Urbain V vint à Apt honorer les reliques de St-Elzéar qui avait été son parrain. Anne d'Autriche y vint à son tour honorer sa patronne, mais l'*Histoire de l'église d'Apt*, page 270, ajoute qu'elle fut aussi aux Cordeliers adresser sa prière à St-Elzéar. Il dut en être de même du pape à l'égard de Ste-Anne ; ainsi des autres.

aimable charité qui produit à son tour tant de merveilles et de faire disparaître du commerce de la vie cet égoïsme vil et dégradant qui prive l'homme de tout sentiment généreux et le dépouille de ses nobles et suaves qualités qui amènent et procurent tant de charmes dans les rapports sociaux.

Mais revenons à notre sujet. Plusieurs papes : Benoit XII déjà cité, Innocent VI, Benoit XIII, Alexandre VI, Clément VII, Paul III, Clément VIII ont successivement augmenté la dévotion à Ste-Anne, en accordant des indulgences par eux ou par leur légats. Tous ont déclaré *que son corps était conservé à Apt* (1). L'un d'eux, Benoit XIII atteste, par sa bulle donnée à St-Victor de Marseille le 15 des Kalendes de mai 1404, qu'il avait reposé depuis un grand nombre de siècles sous le maître-autel de la cathédrale. *A multis temporibus in quodam oratorio seu crypta sub magno altari Œcclesiæ quievit* (2). Alexandre VI en 1494, inflige la peine canonique la plus sévère (l'excomunication) à ceux qui abuseront des offrandes (3). Clément VII accorde le 30 octobre 1534, un jubilé sous l'obligation de visiter, avec

(1) M. de Remerville, *Dissertation sur les reliques de Sainte-Anne*, en manuscrit.

(2) *Histoire de l'église d'Apt*, par M. Boze, page 270, et M. de Remerville.

(3) Quelle devait être alors la punition imposée à ceux qui oseraient toucher aux saintes reliques ! D'autant plus que déjà d'après une bulle d'Urbain V, prendre de celles de Saint-Elzéar, sans une permission du St-Siège, c'était encourir l'excommunication. *Histoire d'Apt*, par M. Boze, page 263.

les dispositions demandées, les reliques de la Sainte gardées dans l'Église d'Apt. Ce qui attira dans cette ville un si grand concours de pélerins et produisit des dons si abondants, que le Chapitre fut obligé d'établir un receveur particulier pour les recueillir; lequel rendant son compte il lui resta en caisse 1,299 florins, bien que de très-fortes sommes eussent été employées aux réparations générales de l'église (1536), à la construction du frontispice de la grande porte et à l'achat de nouvelles orgues. Ce qui étonnera beaucoup, si on considère la misère qui régnait à cette époque. Le 3 décembre de l'année 1540, de nouvelles faveurs spirituelles sont concédées par Paul III, à ceux qui visiteront notre célèbre sanctuaire et qui contribueront à son entretien.

A l'exemple des souverains pontifes, les princes de l'église voulurent aussi, de leur côté, encourager cet élan des peuples à honorer le tombeau de l'aïeule du Christ. L'illustre Philippe de Cabassole, patriarche de Jérusalem, cardinal en 1367, légat à *latere* du pape Urbain V et de son successeur, premier Ministre d'État du roi Robert de Naples, Régent du royaume pendant la minorité de sa petite fille la reine Jeanne, fait, par son testament daté de Rome, un legs à notre cathédrale, mu par sa dévotion à Ste-Anne. Ce grand homme avait présidé en 1365 le Concile national de Provence tenu dans cette même église. Il n'y a pas longtemps encore que l'on voyait son chapeau de cardinal appendu à la coupole de la sainte chapelle, avec celui du cardinal Anglicus, qui du siége d'Avignon passa à celui d'Albano. Les cardinaux, Roderic, évêque de Porto; Julien, évêque d'Ostie; Jean, du titre de St-Marcel; Jérôme, du titre de St-Chrisologue, prêtres; Raphaël, du titre de St-Georges et Jean, du titre de Ste-Marie *in aquiro*, diacres, chefs du sacré collége accordent des indulgences à ceux qui viendront à Apt honorer le tombeau de la Sainte, par leur bulle donnée à Rome le 20 décembre 1486, sous le pontificat d'Innocent VIII. Raymond, cardinal du titre de *St-Vitalis*, étant dans notre ville, concède les mêmes faveurs le 2 décembre de l'an 1498, sous Alexandre VI. Et de notre temps, le 10 octobre 1807, une semblable grâce, attachée au jour de la fête de la Sainte, nous est octroyée par le cardinal Caprara légat à *latere* de notre Saint Père le Pape Pie VII. Enfin tout dernièrement encore la sacrée Congrégation des Rites vient, par son approbation du nouveau Propre du diocèse, de sanctionner d'une manière éclatante notre tradition contenue et reproduite tout entière dans les légendes et les leçons de l'Office de Ste-Anne.

De graves auteurs ont aussi reconnu l'authenticité de nos Saintes reliques. Le père Artus dans le *Martyrologe de l'ordre de St-François*, le père Gautier, dans le *huitième siècle de sa chronologie*, le père Sébastien Micaëlis, docteur en théologie, *dans ses Démonstrations évangéliques*, le père Jean Thomas, de St-Cyrille, Carme-déchaussé, dans son ouvrage intitulé : *Mater honorificata*, imprimée à Cologne, Mathias de St-Bernard, *in vitâ beatæ Annæ*; Giry, dans sa *Vie des Saints*, François Jacques, dans *son Historiographie de tous les diocèses de l'église latine* et puis les historiens Bouche, Nostradamus, Moréri et plusieurs autres qu'il serait ennuyeux, dit M. de Remerville, de nommer ici, ont eu pour notre tradition le respect et la foi que son ancienneté et les titres réclament, quoiqu'ils fussent assez habiles pour découvrir le vrai du faux. Cependant qu'on nous permette de produire encore le témoignage bien précieux pour nous, du père Guesnay, jésuite, historiographe très-éclairé qui a inséré tout au long dans les *Annales de Marseille* l'histoire de l'invention du corps de notre Sainte. Ecoutez aussi le père Croiset; il vous apprendra dans son *Année chrétienne : Que le concours des étrangers que la dévotion à Ste-Anne attire à Apt et les grâces singulières que l'on reçoit par son intercession toute puissante, prouvent visiblement combien son crédit est grand auprès de Dieu et combien elle aime ceux qui viennent en ce lieu honorer ses reliques*. Enfin l'auteur du Martyrologe Gallican, M. de Saussay, évêque de Toul, écrivant à nos chanoines en 1649, leur dit, *que la France se glorifie de posséder par eux le corps de Ste-Anne*; et il ajoute, *que si la Ste-Vierge avait dû laisser sa glorieuse dépouille sur la terre, elle n'aurait pas choisi d'autre lieu que l'église d'Apt, afin que les reliques de la fille fussent avec celles de la mère.*

Quelle gloire donc, quel inéffable bonheur pour

cette église d'Apt de posséder un pareil trésor ! Marie ne la regarderait-elle pas d'un œil de bonté et d'amour ! Oublierait-elle un peuple qui est sous la tutelle particulière de celle à qui elle doit le jour. Elle, le siège de toutes les vertus, l'asile des pêcheurs, le soutien des faibles, notre médiatrice toutes-puissante auprès de son divin fils, lui refuserait-elle à ce peuple, sa bienveillante protection, ses prières et ses vœux lui étant présentés par les mains de sa mère ?

Les tableaux votifs qui couvrent les murs de la sacristie de la chapelle sont encore des témoins non moins éloquents de la croyance des siècles passés et des gages bien précieux de leur reconnaissance envers la glorieuse Ste-Anne ; ils nous apprennent de plus les bienfaits de tout genre que nos pères en avaient reçus et qui sont si énergiquement exprimés dans les Litanies composées en son honneur. Ces faveurs en dehors de l'ordre naturel, souvent accordées, dit M. de Remerville, à ceux qui avaient recours à son intercession nous prouvent combien le ciel autorisait cet élan des fidèles à venir rendre hommage à ses Saintes Reliques. (Voyez dans la 2me partie, article Tableaux).

Aussi considérez avec quel empressement les peuples et les provinces, les villes et les monastères cherchent, s'empressent à se procurer quelques parcelles de ces saints ossements. Les religieux de l'Isle-Barbe, près de Lyon, reçoivent de Charlemagne même un morceau de la tête (1),

(1) Voyez Compégius, historien de l'abbaye ; ce qui vient fortement à l'appui de notre tradition.

Aix-la-Chapelle conserve la mâchoire inférieure qu'elle a dû obtenir par la même voie; un monastère de filles en Languedoc possède une côte donnée le 25 octobre 1424 à Louise de Beauveau (1). Rouen une côte aussi, dont la translation se célèbre dans cette église avec pompe le 30 janvier; l'antique abbaye d'Orcamp, près Noyon en Picardie, garde avec beaucoup de vénération une autre portion du crâne, qu'elle tient de Mathieu de Roye, à elle léguée par testament de son père Simon de Roye, qui l'avait reçue lui-même du Chapitre d'Apt en 1496, étant lieutenant du roi en Provence; un titre authentique l'atteste (2). On fait là solennellement, avec grand concours de peuple, la fête de la réception de cette relique le 26 mai et celle de la Sainte, comme nous, le 26 juillet. On reconnaît la même origine à celles conservées à Ancône, à Naples, en Sicile, à Florence, à Vinay (3) près Coni en Piémont, à Bourges (4) à Pragues, à Auray en Bretagne (5) la reine Anne d'Autriche reçoit le 11 octobre 1623 l'os *auricu-*

(1) Tiré des archives du Chapitre.

(2) Voyez le père Chalumot.

(3) Vinay doit la portion qu'il possède aux barons de La Tour-d'Aigues qui la portèrent en Piémont d'où ils tiraient leur origine; Ancône, Naples, la Sicile, à des seigneurs provençaux qui avaient accompagné nos comtes à la conquête du royaume de Naples.

(4) Mgr de Bourges, le cardinal Dupont, étant archevêque d'Avignon, envoya à Apt un de ses grands vicaires ouvrir la châsse de Ste-Anne; ce qui fut fait à l'insu de l'autorité civile et de la fabrique. Nous adressâmes alors à l'illustre prélat, dans son palais, quelques observations très-respectueuses mais fermes, contre un acte qu'aucun antécédent n'autorisait.

(5) Le père Hugues de St-François, premier prieur des Carmes-Déchaussées établis à Ste-Anne d'Auray, le 8 février de l'an 1628,

larius (le petit doigt) qui lui fut porté à Paris, par le prévôt du chapitre, Jean de Signoret, d'Ortigues, capiscol et François de Vintimille de Beaudun (Voyez à la seconde partie le procès-verbal) il fut réglé par M. Dagut, commissaire du Parlement, député à Apt pour celà, que le jour de leur départ il serait chanté une messe solennelle à laquelle assisteraient les officiers du roi, les viguiers et consuls et *iraient processionnellement conduire la Sainte relique, le clergé jusqu'à l'église St-Lazare, et lesdits officiers et consuls jusqu'aux limites et bornes du terroir.* Quelques temps avant sa mort, qui arriva le 20 janvier 1666, la reine fit trois portions de ce qui lui restait alors de la relique. L'une fut remise à la présidente de Bailleul, qui la donna à la mère Eugénie de Fontaines, religieuse de la Visitation de la rue St-Antoine, à Paris (1). Les Carmes d'Auray obtinrent encore la seconde, et la dernière fut le partage des religieux Prémontrés établis en 1662, au quartier de St-Germain-des-Prés, qui de là furent appelés Religieux de Ste-Anne. La ville conserve dans ses ar-

nous apprend, dans son ouvrage *sur les grandeurs de Ste-Anne*, que Louis XIII leur adressa le 12 avril 1639 une portion des reliques de la Sainte qui fut reçue par les pères le 1er juillet. Il donne dans son livre une copie des lettres qui accompagnaient un don si précieux, pour une église qu'on venait de faire construire et au début du concours religieux. Le roi leur fait cette offrande en reconnaissance des grâces et assistances reçues de Dieu, qu'il attribue devoir à l'intercession de Ste-Anne, à laquelle il eut, dit-il, toujours une dévotion particulière. Après 22 ans de stérilité, la reine lui avait donné un fils, le 5 septembre de l'année précédente.

(1) Voyez la vie de la mère Eugénie de Fontaines, morte en odeur de sainteté, page 160.

chives la lettre de remerciment que lui adressa la princesse sous la date du 10 décembre 1623. Elle s'adressait aux consuls et s'exprimait ainsi :

« Messieurs, le soin que vous avez apporté pour « l'accomplissement du désir que je vous avais « témoigné de jouir de quelque portion des reli- « ques de Ste-Anne m'a été si agréable, que com- « me la loy de la reconnaissance est naturelle en « moy sur toute chose, je vous ay voulu faire voir « par le retour du sieur des Beaumettes, votre « député qui me l'a rendue de votre part, le res- « sentiment que j'en ay, qu'il est tel que je puis « vous assurer de n'oublier jamais vos bonnes « volontés, que je représenteray à ma mémoire « autant de fois que je jetteray les yeux sur ce « présent d'une inestimable valeur que ma dévo- « tion m'enjoint d'avoir perpétuellement sur moy « qui ne le perdrai jamais de vue ; et s'il se pré- « sente quelque occasion de vous gratifier, je m'y « emploirai de si bon cœur, que je prie Dieu qu'il « ait, messieurs, à sa sainte garde. »

Nous conservons aussi l'arrêt du Parlement de Provence, donné en vacation, le 20 septembre 1623, portant vérification des lettres-patentes délivrées par Louis XIII de triomphante mémoire, qui prescrit aux sieur évêque, prévôt, chanoines et chapitre de l'église d'Apt de remettre à l'aumônier qu'il leur envoie, une petite portion des reliques de Ste-Anne, pour satisfaire la dévotion de la Reine, sa femme, plus un parchemin scellé du grand sceau du roi en cire jaune, ayant d'un côté *sa figure assise dans un lit de justice* et de l'autre ses armes; donné à St-Germain-en-Laye, le 12 août 1623, signé LOUIS et plus bas PHILIPEAUX; et puis encore l'enregistrement dudit arrêt par la Chambre, signé DÉCAN. Lesdites pièces attachées et scellées des armes du roi (1). Sur ce et à ces fins M. Dagut, Conseiller au Parlement, se rendit à Apt, comme il a été dit, le 21 septembre, même année, accompagné de M. Pierre-le-Grand, substitut du Procureur Général du roi et le 22, après la célébration d'une messe spéciale, l'évêque Jean Pélissier fit l'ouverture de la châsse renfermant les Saintes reliques, et en retira l'os dont nous venons de parler, en présence du Chapitre, des Consuls, des officiers royaux et de plusieurs gentilshommes (2). Nous avons aussi l'ordonnance de Louis XIV signée de sa main, enjoignant au Chapitre de remettre une parcelle des reliques de la Sainte au Grand Duc de Toscane qui s'était adressé au roi afin de pouvoir en obtenir, ayant déjà éprouvé un refus. La relique accordée dans cette circonstance fut une partie de l'os d'un bras. Reçue à Avignon par le vice-légat Salviaty, des mains d'un chanoine, elle est vérifiée le 7 septembre 1713 en présence du cardinal Zondadari et d'une gran-

(1) Extrait du procès-verbal de la visite pastorale à la chapelle de Ste-Anne, par Mgr Jean de Gaillard, le 13 mars 1673.

(2) Extrait du même procès-verbal. Voyez aussi à la seconde partie le procès-verbal de M. Dagut.

de affluence de fidèles. L'arrêt du Conseil d'État est du 14 mai de cette même année (1).

Devenue mère d'un fils dont la naissance miraculeuse annonçait au monde un règne plein de gloire, la reine vint à Apt, suivie des dames de sa Cour, payer à la Sainte, dont elle portait le nom, le tribut de reconnaissance qu'elle lui devait ; car sur sa demande et par ordre du Parlement, des prières solennelles lui avaient été adressées pour obtenir de Dieu par son intercession cette insigne faveur. C'est donc à Ste-Anne que la France est redevable de l'un de ses plus grands rois. Outre les dons (Voyez à la seconde partie, article Offrandes) que la princesse lui fit alors, remarquables autant par l'élégance du travail que par leur valeur intrinsèque, elle contribua encore, par sa munificence, à terminer la magnifique chapelle que l'on élevait en son honneur, depuis plusieurs années, et ce fut là un témoignage de plus de sa gratitude envers son auguste patronne.

Pour la plus grande commodité des pieux pèlerins, qui vers la fin du 14me siècle, commençaient à se rendre, déjà en assez grand nombre, au tombeau de Ste-Anne à Apt, et pour prévenir, sans doute aussi, les dangers de tout genre que pouvait entraîner une agglomération quelconque de fidèles, hommes et femmes, dans un endroit peu spa-

(1) Ces pièces et d'autres sur parchemin et papier, en tout au nombre de onze, sont dans la châsse de Ste-Anne, renfermés dans une boîte en plomb sur laquelle sont écrits ces mots *authentiques de Ste-Anne.*

cieux et trop obscur (1) le 18 avril 1392 (2), les précieux ossements de la Sainte furent transférés, avec la plus éclatante solennité, de la crypte où ils étaient, et placés dans une chapelle haute de la cathédrale ; et puis de là dans une autre bâtie sur le même emplacement et à sa gloire par Louise de Beauvau, en 1424. C'est dans cette circonstance que cette noble et généreuse dame reçut du Chapitre, généreux à son tour, la relique dont nous avons parlé.

Indépendamment des corps conservés dans cette grotte et que l'on croit avec raison appartenir à divers saints personnages (3), les saintes reliques de notre glorieuse protectrice laissées là en dépôt, pendant plusieurs siècles, ont imprimé sur les murs sacrés de ce bel édifice, un tel caractère de vénération, qu'on ne visite ce lieu que pénétré d'une certaine crainte, mêlée d'un religieux

(1) Cependant cette grotte recevait alors du jour par une fenêtre qui conserve encore ses barreaux de fer, mais fermée et devenue inutile depuis par la construction du chœur; elle en recevait aussi d'une petite lucarne s'ouvrant sur la chapelle du *Corpus Domini* disposée autrement qu'elle n'est aujourd'hui et par une trappe ou soupirail actuellement clos, dans le haut, par de larges dalles; il est à droite en tête de l'escalier qui conduit dans le second souterrain.

(2) Dissertation manuscrite sur les reliques de Ste-Anne, par M. de Remerville. *Histoire de l'église d'Apt*, par M. Boso, pag. 266.

(3) Savoir, St-Euphrasius, St-Emilien, compagnons de St-Auspice dans son apostolat, St-Théodoric, martyr en 203, *Martyrologe gallican*, St-Justin et St-Largus, moines de l'abbaye de Mananque, martyrisés par les Goths en 422. L'évêque Pompée Pérille ayant fait ouvrir un des six tombeaux, on y trouva un parchemin usé à demi portant ces mots *ossa sancti Amaruesi abbatis*. (*Histoire de l'Église d'Apt*) page 418.

respect (1).

Afin de conserver le souvenir de ce beau jour, auquel Ste-Anne sortit triomphante de ce souterrain où les malheurs et peut-être même l'indifférence des temps l'avait retenue comme captive jusqu'alors et en transmettre la mémoire aux générations futures, une fête, que l'on célèbre depuis environ cinq cents ans, fut établie dans notre église et fixée au 4 mai. Elle a voulu par là, cette église, inviter ses enfants de tous les âges à prendre part à la joie et au bonheur qu'elle ressentit dans ce mémorable évènement. A partir de cette époque aussi, le pélérinage qui commençait à peine, prit un véritable essor et s'éleva bientôt à ce

(1) M. Boze, dans son *Histoire de la ville d'Apt* dit à la page 361, que l'entrée de la crypte était autrefois au bas du grand escalier en face de la porte principale de l'église. Qu'elle fut fermée en élargissant le sanctuaire et remplacée par celle qui touche à la montée du *Corpus Domini*. Nous sommes loin de partager ce sentiment, l'inspection des lieux prouve jusqu'à l'évidence que l'entrée actuelle a toujours existé et rien ne démontre qu'il y en ait eu une autre et surtout à l'endroit indiqué; on le comprend, car par là l'exercice du culte aurait été singulièrement entravé, la circulation dans ce quartier de l'église gênée et la partie de la nef occupée, absolument nécessaire pour le placement des fidèles, Le même auteur dans l'*Histoire de notre église* publiée sept ans après, a reproduit, sans plus d'examen, à la page 417, la même méprise et dans les mêmes termes. Là où aurait débouché cet escalier, est un socle en pierre de taille; vieux mur, haut d'un mètre et plus, terminé sur toute sa longueur par une saillie ou corniche arrondie. Dans les flancs de cette muraille, on voit un mufle et au-dessous était une auge ou bassin d'une seule pièce avec inscription antique, servant autrefois, dit-on, de fonts baptismaux, ce qui parait très-probable.

Cette auge a été déplacée afin de pouvoir en lire l'inscription plus commodément et en examiner les autres particularités.

haut degré de célébrité où il est parvenu depuis et qui s'est perpétué presque jusqu'à nous (1).

Antérieurement, la religion avait également consacré par une fête, mais d'un rit supérieur à celle-ci, l'heureux moment où il plut à Dieu de nous révéler le lieu dans lequel était déposé le corps de la bienheureuse aïeule de son fils. Cette solennité qui se renouvelle toutes les années le lundi de l'octave de Pâques, a été spécialement instituée pour remercier la divine Providence de la faveur qu'elle a daigné nous faire en nous mettant sous un tel patronage, comme aussi pour honorer la Sainte elle-même.

Dans le but de faire comprendre aux fidèles l'importance de ce double devoir et les engager à le remplir avec beaucoup de dévotion, le Souverain Pontife intervient : Ainsi, des indulgences particulières sont appliquées à ce jour par une bulle de Clément VIII de l'an 1601 ; ce qui attirait à cette fête une si grande multitude de pieux étrangers, qu'une foire s'en est suivie, et c'est une des plus importantes de la ville. L'office religieux, que l'on fait encore, fut composé par Jean de Roma, inquisiteur de la foi. L'année d'après, nos magistrats de-

(1) Voyez encore l'*Histoire de notre église*, même page 266. La crypte à Rome où furent ensevelis les corps de St-Pierre et de St-Paul est vide aujourd'hui malgré la sainteté qu'ils lui avaient communiquée. De là, ce cimetière prit le nom de *Catacombe*, qui est devenu plus tard celui de toutes ces excavations souterraines servant de sépultures aux premiers chrétiens. Ce mot est formé de *comba*, *couche*, *repos* etc. Godescard, 14 octobre ; voyez la note *Fabiola*, par le cardinal Wiseman, page 190.

mandèrent au Parlement, par une requête, qu'il fût fait un rapport sur l'état des Saintes reliques. Alors Marc Antoine Espagnet, Conseiller, Pierre Aymard, Procureur Général du roi et Jean de Vivaud, audiencier de la Cour (1) chargés de cette commission se rendent à Apt et commencent leur visite le 3 septembre de cette année 1602, en présence du grand vicaire de l'évêque, du Chapitre en corps, de Jean-Jacques Stévenot, Viguier, Capitaine pour le roi, de Pierre de Reverdit, de Pierre Borel, Consuls, de Pierre de Grandis, Commandeur de Joucas, de Pierre de Remerville, de Jacques Dubois de St-Vincent, de François Antoine de Barrème et de plusieurs citoyens de tout état.

On fit dans cette première séance, un inventaire général de toutes les offrandes, oblations et vœux qui se trouvaient dans la chapelle, et le lendemain 4 septembre, les mêmes commissaires, accompagnés des mêmes personnes, ouvrirent la caisse de bois de cyprés dans laquelle les reliques étaient conservées.

Cette caisse était doublée de drap d'or, à fond bleu, elle contenait une sac de toile blanche, à franges de soie bleue et houpes de soie cramoisie, avec ces mots écrits dessus en gros caractères :

SACRA AC VENERANDA OSSA BEATISSIMÆ ANNÆ MATRIS SANCTISSIMÆ VIRGINIS MARIÆ.— APT.

(1) Audiencier, officier du sceau chargé autrefois d'examiner les lettres de grâces, de noblesse qu'on devait sceller. Les châsses le furent ; son ministère était donc nécessaire ici.

Dans ce sac se trouvèrent, avec plusieurs fragments, les ossements de la Sainte, comme l'inscription l'indique. Ils furent reconnus, quant au nombre et à la qualité, par deux des plus habiles chirurgiens de la ville, (Voyez l'inventaire, à la fin de ce mémoire) et le procès-verbal sur parchemin portant la date du 5 septembre 1602, signé des sieurs Espagnet et d'Aymard, est déposé dans la caisse qui, refermée, est scellée par Jean de Vivaud, du sceau de la Cour. Les mêmes formalités furent également appliquées aux autres reliques conservées dans la cathédrale, ainsi qu'à celles de St-Elzéar et Ste-Delphine. L'autorité civile demanda alors une des clefs des premières châsses ; mais elle fut déboutée de sa demande par arrêt du Parlement du 20 mars 1603 qui statue que les caisses scellées ne pourront être ouvertes qu'en présence du substitut du Procureur Général, l'inventaire fait tout les cinq ans et les clefs gardées par le Chapitre.

Mais par la suite, soit que cette garantie ne parût pas suffisante (1), soit qu'il y eût là une trop grande responsabilité, ou pour tout autre motif qui nous est inconnu, la Commnnauté obtint, le 3 février 1634, un autre arrêt portant que les clefs desdites châsses seraient renfermées dans un tronc à deux serrures dont l'une lui appartiendrait. Les aumônes faites à la chapelle devaient être aus-

(1) En effet, il conste par le procès-verbal de M. Honoré d'Agut, conseiller au Parlement, du 23 septembre 1623, que le sceau placé sur la châsse avait été arraché.

si déposées dans ce même tronc (1). Déjà et dès le 23 septembre 1623, les clefs avaient été renfermées là par M. Dagut, suivant son ordonnance du jour précédent, faite du consentement des deux parties, *avec injonction de prendre les dites clefs, ni d'ouvrir la dite caisse* (châsse de Ste-Anne) *sans avoir délibéré sur quelque grande nécessité, en corps de Chapitre et en corps de Communauté, auxquels seront tenus d'assembler tous les chefs de maisons, ayant au préalable obtenu permission de la Cour pour ce faire.* (Voyez, dans la seconde partie, le procès-verbal).

Nos pères, animés de la foi la plus ardente, comprenaient de quel importance et de quel prix était pour la cité le grand et précieux trésor dont ils étaient les dépositaires. Aussi, le conserver et le transmettre intact à la postérité, était considéré par eux comme un de leur plus essentiels devoirs. Dans ce but, ils prenaient les mesures que la pru-

(1) Nous sommes ensuite entré, dit M. de Gaillard, (procès-verbal de sa visite pastorale du 12 mars 1673) dans la chapelle de Ste-Anne, pour y visiter les Saintes reliques et ayant ordonné qu'on nous en fit l'ouverture, MM. du Chapitre nous ont fait réponse que les clefs étaient dans une caisse... fermant à clef dont ils en ont une et MM. les Consuls de cette ville l'autre, et qu'ainsi ils ne pouvaient pas obéir à notre ordonnance. Ordonnons que lesdits sieurs Consuls seront avertis de se rendre aujourd'hui à deux heures de relevée dans ladite chapelle avec ladite clef pour prendre celle desdites Stes reliques...

Le lundi treizième mars. . nous avons célébré la Ste messe dans la chapelle de Ste-Anne, à l'issue de laquelle étant entré dans la sacristie, on nous a dit que les Consuls avaient apporté les clefs pour faire l'ouverture desdites reliques...

Celà fait (la visite achevée) lesdits sieurs Prévot, Chanoines, Bénéficiers et Consuls ont remis les clefs, en notre présence, des reliques dans le tronc.

dence et la sagesse leur inspiraient. Pourquoi cette ancienne législation, dont nous venons de tracer rapidement le dispositif, ne serait-elle plus mise en vigueur? Rien ne s'y oppose, ni le décret du 30 décembre 1809, ni les ordonnances ultérieures, ni les lois de l'église. Loin de là, cette église frappe parfois de ses anathèmes la main téméraire qui ose toucher à ces sacrés dépôts. C'est ici notre propriété, nous en connaissons comme nos devanciers la valeur; ne devons-nous pas comme eux veiller par les mêmes moyens à sa conservation? La gloire de notre illustre patronne, celle de son auguste fille, et si nous osons le dire, celle de Dieu; *Caro Annæ, Caro Mariæ, Caro Christi*, en prescrivent et en imposent l'obligation à chaque génération successivement; car une négligence quelconque, souvent repétée, finirait par amener une entière dispersion, et un jour une perte totale. Ce devoir devient aujourd'hui plus sacré pour nous, nos reliques recevant un caractère de plus haute sainteté par la promulgation du dogme de l'Immaculée Conception de la Ste-Vierge. Si cet acte solennel de l'église ajoute quelque grandeur à la grandeur déjà si éminente de Marie, il augmente aussi celle de Ste-Anne, et tout ce qu'il exige de notre part de dévouement et d'amour pour la fille, il l'exige en quelque manière pour la mère (1).

(1) A l'appui de ce que nous disons de la vigilance et des soins que nos pères apportaient à la conservation des précieux ossements de nos Saints Patrons, nous reproduirons une éphéméride que nous fi-

Le 20 mars 1617, l'évêque Jean Pélissier transféra les reliques de Ste-Anne du coffre de bois de cyprès où elles étaient renfermées et dont il a été question précédemment, dans une caisse en buis revêtue de lames d'argent offerte par le marquis de Malatesta, général pour notre St-Père le Pape, au Comtat Venaissin. On grava sur le devant ses armoiries et une inscription pour perpétuer la mémoire de ce bienfait, dont il est fait mention encore dans le procès-verbal, ainsi que de la présente translation. Cet acte déposé dans la châsse fût vérifié par Mgr de Gaillard dans sa visite pastorale du 12 mars de l'année 1673.

mes publier dans le *Mercure Aptésien*, du 11 avril 1858, n° 977. Elle trouve ici naturellement sa place:

Le père Bini, général des Frères Mineurs, vint en Provence visiter les couvents de son ordre et travailler à leur réforme. Étant à Apt au mois d'avril 1669, à son retour il emporta par dévotion une portion des reliques de St-Elzéar et prit le chemin d'Aix, ce qui lui attira une fâcheuse affaire. Le bruit s'en étant répandu dans la ville, le peuple se souleva et on empêcha avec peine que le couvent ne fût insulté. Sur la requête du corps de ville, le Parlement fit arrêter les hardes du général. La relique trouvée est remise à des prêtres envoyés par le cardinal de Grimaldy, déposée à l'archevèché et reçue le lendemain à Apt, apportée par deux chanoines. Le clergé précédé des corps religieux, va la prendre bien avant hors les murs de la ville; tous les hommes étaient en armes ; le soir il y eût des feux de joie.

Pour éviter le retour d'un pareil accident et suivant l'arrêt du Parlement, du 4 mai 1669, la ville fit mettre les reliques de St-Elzéar et de Ste-Delphine dans une nouvelle caisse à deux compartiments, cerclée de six bandes de fer rivées sur place. *Tiré du procès-verbal*, 15 mai 1669, signé *Mervesin, consul; Archias, consul; Baynaud, Consul. Concédé acte, Geoffroid, commissaire.*

Encore un exemple: St-Martian naquit et vécut à Saignon, où il avait fondé dans le huitième siècle une abbaye qui devint par la suite très-célèbre. Cette petite ville, cependant, ne put obtenir, de celle d'Apt où il mourut, une portion de ses reliques, que fort longtemps après, le 13 octobre 1759. *(Archives du Chapitre).*

Bientôt après la ville et le Chapitre voyant les pélerins accourir à Apt, toujours de plus en plus nombreux et les faveurs signalées qu'on ne cessait d'obtenir du ciel par l'entremise de notre sainte prntectrice, formèrent le grand et louable projét de faire élever en son honneur un édifice qui fut, par l'élégance et la beauté de l'architecture, en rapport avec l'importance de sa destination. Pour arriver à ce but, un père capucin invita les fidèles à seconder par leur libéralités cette belle et sainte pensée. Il le fit d'une manière si éloquente et avec tant de succès, que les femmes pendant le sermon s'arrachaient leur joyaux et le lendemain on recueillit dans une seule quête vingt mille livres. Ainsi poussé par cet élan général, on met en exécution ce noble dessein dès l'an 1643 (1). Ce monument, objet de tant de vœux et de si généreux sacrifices, commencé alors, interrompu quelques années après par la mort de l'entrepreneur, Jullien Compain de la ville du Mans, repris et continué en 1655, par Esprit Rochas, de l'Isle-de Venise, est enfin terminé en 1664.

Le plan de ce magnifique ouvrage, fut pris sur la chapelle Sixtine de l'église Ste-Marie-Majeure de Rome. Il est en tout conforme à son modèle, sauf, peut-être l'étendue que nous ne pouvons ga-

(1) Le premier bail à prix-fait est du 9 septembre 1643, notaires Honoré Courtois, Charles Provençal, Ambroise Meynier. Le second du 1er février 1655, notaire François Degadret, agrégé au collége des Seigneurs les protonotaires du St-Siège, du nombre des participants eu l'ancienne cité de Rome, citoyens de la ville d'Apt. Rochas prit pour associés Louis Chabaud et Mathieu Argaud, deux familles fort honorables qui subsistent encore.

rantir. Consacrée le 26 juillet de cette année par Mgr Modeste de Villeneuve, de pieuse mémoire, deux jours après, on y transféra, avec la plus grande solennité de la chapelle bâtie par Louise de Beauvau où elles ont resté près de trois siècles, les châsses de Ste-Anne et du glorieux apôtre de cette ville, St-Auspice, dont le nom est en bénédiction parmi nous depuis le commencement du christianisme, avec celles de St-Castor et de St-Martian. Nous devons à celui-ci l'établissement dans nos contrées de l'ordre célèbre de St-Bénoit, par la fondation d'une abbaye qui devint une des plus illustres de la province, vu le nombre, la condition et la piété des religieux, et celui-là, l'honneur et la gloire de notre siège épiscopal, parait avec éclat dans les fastes de l'église dans les premières années du cinquième siècle (1).

(1) Les fêtes de ces Saints étaient doubles et de première classe avec octaves.

Mgr de Vacon par son ordonnance donnée à Bonnieux, le 27 juin 1747, les transporte, ainsi que leurs offices, savoir, de St-Auspice, au premier dimanche d'août, de St-Martian, au dernier du même mois, et de St-Castor, au premier Dimanche après l'octave de la Nativité, leurs octaves finissant le dimanche suivant. A l'égard de celle de Ste-Delphine, elle est remise, par la même ordonnance, au dernier dimanche après la Pentecôte, qui précède le premier de l'Avent, sans qu'elle puisse être empêchée par une autre. (archives de l'Évêché.)

La fête de St-Elzéar resta fixée au 27 septembre, mais bien qu'elle soit renvoyée au dimanche depuis le Concordat, elle est cependant supprimée, comme nous l'avons remarqué, qu'elle coïncide ou non avec celle du Rosaire Pour satisfaire aux vœux, bien légitimes de la population, il serait à désirer qu'il fût établi qu'elle se célébrerait irrévocablement le dernier dimanche de septembre avec la solennité qui lui est due. Dans le nouveau *Propre* du diocèse, de toutes ces fêtes, celle de St-Auspice est la seule qui ait conservé son rang, et notre ancienne liturgie, qui s'était maintenue jusqu'à pré-

On fait encore mémoire aujourd'hui de cette pompeuse translation, conjointement avec celle de 1392, le 4 du mois de mai, jour consacré, comme il a été dit, au souvenir de l'heureuse époque où la ville eut l'avantage de saluer, pour la première fois, librement et au grand jour, sa patronne entourée de gloire et d'honneur.

Cet édifice, l'orgueil et l'ornement principal de la cité, réclame actuellement des réparations urgentes, tant pour compléter celles qui furent faites des dons offerts par le roi Charles X, les princes de sa famille, le gouvernement, le département et la Fabrique, que pour d'autres survenues depuis (1). La coupole, dont la hardiesse égale la beauté, a besoin d'être recouverte en plomb, le plus promptement possible, si on veut éviter de sérieuses dégradations et plus tard un entier dépérissement; elle exige encore que l'on substitue aux fresques, qui l'embellissaient si bien, mais fort dégradées aujourd'hui, une couleur bleue de ciel

sent, malgré la suppression du siège, vient d'être remaniée de manière à ne faire qu'un seul tout avec celle des autres églises du diocèse.

(1) La restauration de la chapelle de Ste-Anne fut faite en 1828, 1829 et 1830, et dirigée, avec autant de zèle et d'intelligence que de générosité, par M. le Comte Charles de Martignan, alors Sous-Préfet. La dépense s'éleva à 12,430 fr. 14 cent. et la recette à 13,573 francs 49 cent. dont 3,000 de la noble maison de Sabran, pour concession d'un tombeau dans l'église; 3,600 f. qu'elle nous obtint du roi et des princes; 3,000 furent donnés par le Gouvernement; 2,000 par le département et 1,500 par la Fabrique, etc.

Voyez les délibérations de la Fabrique du 28 octobre 1827 et 21 avril 1828, premier registre, folios 76 et 79, et le compte-rendu par le Trésorier, second registre, folio 70. (Le reliquat de ce compte fut employé en 1847 au dallage en marbre de la Rotonde).

parsemée d'étoiles d'or (1). Les fenêtres attendent des vitraux historiés (2), les quatre niches du sanctuaire, des statues (3), les dorures ont besoin d'être retouchées, les colonnes réparées, l'autel, encore en bois, doit être remplacé par un autel en marbre, les pierres de taille dont quelques-unes intérieurement sont brisées (4) et un grand nombre envahies par le nitre, rétablies dans leur premier état, le socle de la muraille extérieur refait, une maisonnette, appuyée contre, démolie; enfin, le clocher encore dépouillé par le vandalisme révolutionnaire demande et exige une cloche (5).

(1) La coupole de Notre-Dame de Paris ainsi décorée produit un très-bel effet.

(2) Un vitrail avec des couleurs sobrement distribuées peut être appliqué ici sans crainte à notre avis Les fenêtres sont au nombre de huit; quand même cette gracieuse décoration enlèverait le jour de quatre, il en resterait bien assez et au-delà pour voir et juger des richesses de l'architecture et de la beauté des tableaux. Mais si le verre devait être trop surchargé comme notre vitrail du fond du chœur ou d'autres que nous avons vus à Avignon, oh alors! sans nul doute, qu'il faudrait renoncer à ce projet et nous n'aurions pas eu la témérité de le proposer.

(3) Celles qui occupent actuellement les niches sont indignes d'être là et même partout ailleurs.

(4) Ces pierres étant de mauvaise qualité, ont été écrasées par l'énorme fardeau qui pèse sur elles, ce qui pourrait à la fin amener un affaissement de ce magnifique monument si on négligeait trop d'y remédier.

(5) Nous croyons aller au-devant des religieux sentiments de la population de cette ville, en exprimant ici le désir que la sacristie de Ste-Anne, qui est d'ailleurs fort belle, soit rendue à l'usage de la chapelle. On voit, avec une bien vive peine, qu'elle n'est plus qu'un lieu de débarras. On y conservait autrefois des ornements en grand nombre, dont plusieurs, fort précieux, avaient été offerts par les familles les plus nobles de la province (Voyez la seconde partie, article ornements) elle pourrait peu à peu se remeubler, (sinon d'une

Primitivement, ce beau monument élevé, tout exprès, en l'honneur de notre Sainte Patronne, était séparé de la cathédrale, consacrée à la glorieuse Assomption de Marie, par un mur percé de deux portes de communication, au-dessus desquelles était une tribune à balustrade dorée, soutenue par quatre cariatides à figures d'anges, dorées aussi ; ce qui joint à d'autres ornements, était préférable, dit M. Boze, à la grille en fer qu'on y substitua en 1772, et qui, enlevée par la révolution a été remplacée, dernièrement, par celle d'aujourd'hui.

Quel magnifique partage pour la Cité ! Deux temples augustes dans ses murs, à côté l'un de l'autre, dédiés celui-ci (la Cathédrale) à la fille (1)

manière aussi riche, du moins convenablement ; un appel fait dans dans certaines circonstances aux maisons opulentes de la ville ne serait pas sans résultat, à coup sûr. Aujourd'hui encore elle est assez bien ornée par les tableaux votifs et autres très-beaux, qui en couvrent les murs, pour ne pas mériter d'être dans un pareil abandon.

Déjà et nous le disons volontiers, l'administration de la loterie de Ste-Anne, vient de prendre une délibération en due forme portant, qu'une cloche sera placée sous peu au clocher de la chapelle, et la dépense fournie par le produit de ladite loterie, qui devait être tout employée à l'embellissement de l'église. C'est donc ici en quelque sorte un acte de justice que son titre réclamait.

Nous sommes heureux de pouvoir annoncer aussi, que trois fenêtres de la coupole vont recevoir les ornements désirés. 1,700 francs destinés à cet objet par les donateurs, ont été tout récemment reçus par M. le Trésorier de la Fabrique, dont 500 francs offerts par un honorable négociant de Marseille ; (nous tairons ici son nom dans la crainte de blesser sa modestie), et 1,200 francs par M. Arnaud, notre regrettable pasteur, décédé en mars 1860. Que de tels exemples de générosité aient des imitateurs, et bientôt cette partie de la chapelle sera complétement décorée. 500 francs encore viennent d'être envoyés pour réparations ou embellissements de l'édifice, par un noble personnage.

(1) Tous les auteurs Aptésiens.

et cet autre à la mère ; remarquables, le premier, par sa haute antiquité, sa belle crypte, la beauté de son sanctuaire et de son abside, par ses nombreux et superbes tableaux, sa vaste enceinte, son majestueux aspect et son imposant clocher du onzième siècle ; le second, par l'élégance de sa construction et les richesses de son architecture. Saints et sacrés tous les deux dans leur objet, dans les grands et précieux souvenirs qui s'y rattachent, et les trésors sans prix qui y sont renfermés.

Félicitons donc notre patrie, félicitons-là de ce qu'elle est si libéralement répartie, et souhaitons qu'elle soit actuellement, qu'elle continue par la suite d'être, ce qu'elle a été autrefois, toujours ardemment dévouée à tout ce qui peut contribuer à exalter la gloire de Marie, le culte de Ste-Anne, sa mère, et celui de ses autres bienheureux Patrons.

Nous le savons, la caisse municipale est obérée et ses revenus épuisés, même pour plusieurs années, par la construction d'un nouvel Hôtel-Dieu et l'agrandissement des rues ; et la Fabrique dont les ressoures très-restreintes, sont presque entièrement absorbées par les dépenses ordinaires, est comme celle-ci, radicalement impuissante à faire face aux réparations indiquées. Dans sa sollicitude pour les besoins généraux de l'église, elle vient d'obtenir de M. le Préfet une loterie de cinq millé billets à un franc, en faveur de laquelle elle a osé demander un lot à l'Impératrice Eugénie, qui a bien voulu accueillir ses vœux, avec autant d'empressement que de bienveillance, en envoyant une fort belle pendule. Qu'elle daigne recevoir ici l'expression de notre vive et sincère gratitude !

Cependant le rétablissement proposé de cet auguste sanctuaire, est rigoureusement nécessaire : c'est là demander beaucoup, oui sans doute ! Mais après tout, il n'est question ici que de dépenses d'entretien et la ville se refuserait de mettre, de laisser dans un état complet de conservation un monument qui est sa gloire et sa couronne et que nos pères nous ont légué en s'imposant les plus lourds, comme les plus généreux sacrifices ! La génération actuelle serait-elle moins attachée à son illustre et bien-aimée Patronne, que les générations précédentes ! Serait-elle moins désireuse d'entourer son culte de l'éclat et de la pompe qui lui sont dus ? Non ! Dans les cœurs grands et magnanimes, le souvenir d'un seul bienfait reçu ne s'efface jamais ; ainsi un mot : *choléra* et quatre dates 1832, 1835, 1837, 1854, resteront toujours gravés dans la mémoire de nous tous, et tous nous resterons fidèles aux lois sacrées de la reconnaissance et on verra la population tout entière payer noblement sa dette.

La tâche que nous nous étions imposée est remplie ; mais pour rendre notre travail un peu plus achevé, nous avons jugé utile de toucher à quelques-unes des difficultés que nous avions en vue dès notre début. La matière parait assez épineuse, au premier coup-d'œil; aussi, dans la crainte de nous égarer, nous suivrons pas à pas M. de

Remerville qui l'avait traité en homme savant. Nous abrégerons.

Plusieurs auteurs Grecs, Procope, Constantin Porphyrogénète et le continuateur de Théophanes nous apprennent que les Empereurs Romains, Justinien 1er, en 550, Bazile et Léon firent bâtir à Constantinople de magnifiques églises en l'honneur de Ste-Anne, que bien peu de personnes à cette époque croyaient être la mère de la Ste-Vierge. Mais aucun d'eux ne dit que l'on possédât ses reliques, ce qu'on n'aurait pas manqué d'indiquer, si on avait eu cet avantage, et même dans ce temps on était persuadé que son corps n'était plus en Orient, car ces princes auraient très-certainement employé leur autorité pour en avoir une partie.

Cependant Justinien II, rétabli sur son trône en 705, consacra peu après, dit Codinus (1), à la suite de je ne sais quelle apparition, une fort belle basilique à Ste-Anne. Les Grecs, alors pour satisfaire la dévotion de leur prince et lui faire leur cour, apportèrent, dit-on, de Palestine le corps d'une femme qu'ils présentèrent comme étant celui de notre Sainte. Il est certain que c'était là une vraie supposition de leur part, et certes ils en ont fait tant d'autres, car comme nous venons de le voir si son corps avait été encore en Orient, on ne serait pas resté jusqu'alors sans s'en être procuré pour le moins quelques parcelles, et M.

(1) Codinus écrivait vers la fin du XVe siècle; il laissa un extrait sur les antiquités de Constantinople qui n'est qu'une compilation sans critique.

de Remerville fait remarquer qu'il n'est plus parlé en aucun endroit de cette prétendue relique, bien que le dernier des trois auteurs cités ait écrit longtemps après et qu'il ait eu occasion de le faire, en rapportant la dédicace d'un oratoire, consacré à la Sainte, dans le palais impérial; mais elle disparait tout d'un coup, l'histoire n'en dit plus rien, elle la perd entièrement de vue, quoique le culte de Ste-Anne se soit conservé dans ces contrées plusieurs siècles encore. Le peu de foi de cette nation était connue depuis longtemps (1); le pape Clément IV le remarque dans une lettre qu'il écrivit à la princesse Isabelle, sœur de St-Louis, pour la détromper sur l'authenticité de quelques reliques qu'elle avait reçues de Grèce (2). Celles que l'on conserve à Rome dans l'église de St-Paul *extra muros*, paraissent sortir

(1) La Grèce menteuse est d'ailleurs un ancien proverbe : *Et quid quid Græcia mendax scribit in historiis.*

(2) C'étaient des reliques de St-Paul l'apôtre des nations. *Græci*, lui dit le pape, *facile formaverunt mendacium qui de fide mentiri catholica quod est majus minime dubitaverunt.*

Quelques auteurs Grecs du VIIe siècle et des siècles suivants, disent que Ste-Marie-Magdeleine mourut à Ephèse. C'est aussi le sentiment de Modeste, patriarche de Jérusalem, de St-Grégoire, de Tours et de St-Guillebaud, anglais de naissance et évêque d'Aichstadt qui assure même, dans une relation sur la Terre-Sainte avoir vu son tombeau. On ajoute que ces reliques furent ensuite portées à Constantinople, par l'Empereur Léon le philosophe, et déposées vers l'an 890 dans l'église St-Lazare.

Nouvelles méprises historiques, nouvelles marques du peu de foi qu'on doit ajouter au témoignage des Grecs, M. Faillon vient de le démontrer dans l'immortel ouvrage que nous avons déjà cité, où il défend victorieusement la croyance des Provençaux, malgré ces nombreuses attestations, en apparence si certaines et si formelles.

Quelle autorité accorder alors au seul Codinus, continuateur de Constantin Manassès, écrivain du XIIe siècle et fort crédule ?

aussi d'une source bien peu certaine encore, quoique ce soit une partie de l'os de l'un des bras et qu'il en reste fort peu ici. L'auteur (1) qui en parle n'indique pas d'où elles viennent; il insinue même que l'origine en est suspecte, car il ajoute que Mahomet II, après la prise de Constantinople, le 28 mai 1453, faisait une sorte de trafic de reliques supposées par lui, qu'il présentait ensuite comme ayant été trouvées dans les églises de la ville, et cela afin d'attraper l'argent des chrétiens ; le pape lui-même y fut trompé.

Par ce que nous disons ici de Constantinople, nous répondons d'avance à une objection souvent faite et cela avec d'autant plus de facilité, qu'elle se trouve toute formulée dans un ouvrage fameux, souvent invoqué et qui est entre les mains de tout le monde (2).

Dans une église du nord de la France, on reconnait posséder une relique insigne de Ste-Anne, qui lui fut envoyée de Constantinople dans les premières années du 13me siècle. Mais les titres que nous avons ne paraissent pas offrir une certitude assez grande, et même en admettant leur validité, cette église pourrait tout au plus soutenir que l'ossement conservé par elle provient du corps apporté de l'Orient sous le règne de Justinien II, et alors celui de Ste-Anne était à Apt depuis plusieurs siècles (3).

(1) Voyages de Dumont.

(2) Vies des pères et martyrs, par Godescard.

(3) Voyez la Dissertation sur les reliques de Ste-Anne, par M. de Remerville.

En effet, si l'authenticité de cette relique avait été regardée comme certaine, Raymond Ollier serait-il venu en 1256 de Paris à Apt ! Aurait-il entrepris un voyage long et pénible, pouvant rendre grâce à Ste-Anne, de la faveur qui lui avait été accordée et se délier ainsi de ses vœux, non loin de son pays! Dans ce cas encore, la reine Anne d'Autriche se serait adressée à cette église, tant pour avoir une partie des saints ossements de sa patronne, que pour les prières qu'elle demanda qu'on lui fît, afin d'être délivrée de son affligeante stérilité, d'autant plus, que pour le premier objet de ses désirs, elle éprouva ici des difficultés et fut même obligée de recourir à l'autorité du roi (1) et de plus elle se trouvait encore dispensée, pour remplir ses engagements, de se rendre dans une ville qui ne pouvait offrir à la Cour que de biens faibles ressources et d'ailleurs fort éloignée.

Le grand duc de Toscane très-dévot à Ste-Anne, souhaite vivement, pour lui comme pour ses peuples, posséder une parcelle des précieux restes de la Sainte. Pourquoi alors ne pas en demander au chapitre de St-Paul à Rome ? Il s'adresse cependant à Apt par l'entremise du vice-légat d'Avignon et Apt en refuse, et s'il parvient à en obtenir, il le doit à l'obligeance de Louis XIV. Si ce prince en agit ainsi, c'est qu'on doutait à Florence de la véracité des reliques conservées à Rome, comme à Paris, de celles dont nous parlions tout-à-l'heure.

Qu'on ne trouve pas hors de propos, si nous

(1) Voyez dans la seconde partie le procès-verbal de M. Dagut.

ajoutons à ceci une anecdote qui corrobore puissamment notre assertion, dont la certitude nous est garantie par le caractère sacré et la position élevée de la personne qui la rapporte. Nous avons l'honneur de la connaître personnellement et avons entendu le récit de sa bouche même.

Me trouvant à Rome, dit cette personne, je témoignais au gardien de la Trésorerie, le désir de jouir de quelques débris des sacrés ossements de Ste-Anne, mère de la Vierge Marie ; il me fut alors répondu, que ceux que l'on avait étaient loin de présenter un caractère suffisant d'authenticité et que le véritable dépôt se trouvait **A APT, VILLE DE FRANCE, EN PROVENCE.** Ce qui vient autant à l'appui de ce que nous avons déjà dit à ce sujet, qu'il démontre combien on était persuadé dans cette capitale du monde chrétien de la vérité de notre antique et vénérable tradition et de l'autorité que l'on accordait aux monuments sur lesquels elle repose.

On pourrait bien encore nous présenter une autre objection, et nous dire que les anciens martyrologes, ceux surtout qui ont le plus d'autorité dans l'église ne font aucune mention de Ste-Anne. Autrefois, nous l'avons remarqué dès notre début, le Chapitre en gardait un dans ses archives où il en était parlé, et puis, ceux qui les ont composés n'ont pas pu tout savoir; souvent des choses très-importantes sont omises par eux ; ainsi celui de Bède est accusé d'inexactitude par Usuard qui n'est pas plus exact lui-même. Addon de Vienne oublie de citer divers Saints célébrés par St-Grégoire de Tours ; il n'a pas même inscrit tous ceux de sa propre église; il ne désigne pas *Sulonius* nommé par Sidoine Appolinaire. Dans ceux des Grecs et dans celui de St-Jérôme, écrit vers l'an 418 et commenté par Florentinus de Luques, il n'est rien dit de notre Sainte, dont à peine le nom était connu en Orient, ce qui démontre que son corps n'y était plus alors. Ensuite et c'est ici une raison péremptoire, l'omission dans ces sortes d'ouvrages du fait qui nous occupe s'explique, surtout, en ce que l'église n'a permis que fort tard de fêter les Saints de l'Ancien Testament.

De plus et c'est ici notre dernier réponse à une dernière question. Alors même que la ville d'Apt se glorifiait de posséder le corps de Ste-Anne depuis un grand nombre de siècles, *a multis temporibus*, laquelle possession était reconnue indubitable en vertu de plusieurs titres dont nous avons relaté les principaux (1). Cependant on ne voit pas qu'il en soit parlé dans certains actes domestiques où naturellement il semble qu'on aurait dû s'en occuper ; nous ne pouvons maintenant savoir la cause de ce silence. Quelque soigneux et attentif qu'il soit, l'homme ne peut pas tout dire ; souvent et nous venons de le remarquer, bien des choses graves lui échappent ; il a d'ailleurs ses idées, ses caprices qui lui font taire ou rapporter ce qui lui plait le plus (2).

(1) Nous empruntons ici les propres paroles de M. de Remerville.

(2) La tradition touchant les reliques de Ste-Anne était ancienne

Le savant Durand, évêque de Mende, dans son célèbre ouvrage *de Ritibus ecclesiæ*, ne dit rien de

et immémoriale dans l'église d'Apt. Nous l'avons vu; en conséquence nous ne reviendrons plus sur les monuments qu'elle présente pour éclairer et fixer, en cela, la religion des peuples, monumens dont plusieurs sont antérieurs à l'année 1365 qui fut celle de la tenue de notre Concile. Nous ne dirons donc plus rien de celui de Montrieu (1252), de l'obituaire, du martyrologe, de la fondation de Raymond Ollier, (1256) du testament de son père (1264), des bulles de Benoit XII, (1338), d'Innocent VI, de Benoit XIII (1404) et de celles de plusieurs autres papes, ni de la croyance répandue et professée depuis les temps les plus reculés, etc., etc.

Mais nous ajouterons que le savant Raymond Bot, évêque d'Apt, mort en 1382 et un des pères du synode, en fait mention dans son testament ; que Guirand de Simiane, seigneur de Cazeneuve, reconnait dans le sien que la découverte du corps de la Sainte est due à une personne de sa maison. (18 septembre 1382, *notaire, Jean Etienne*).

Que Hugues de Sade, notre concitoyen, fit construire une chapelle en son honneur dans Avignon et établit une fondation par son testament de l'an 1364. (*Archives de la ville*).

Que le jour de Ste-Anne une certaine quantité de vin était livrée au maître de musique et que plusieurs personnes donnèrent aux chanoines une partie de leurs biens pour les aider à supporter la dépense extraordinaire de la fête.

(*Ancien cahier des Archives du Chapitre; année* 1375).

Plusieurs autres pièces de ce siècle, ajoute M. de Remerville, témoignent encore du culte rendu à la Sainte comme d'une chose ancienne, quoiqu'il ne soit devenu célèbre dans la contrée que dans ce temps-là, et c'est sans doute, à cause de son état de dévotion ordinaire, que le Concile ne s'en occupe pas. En effet, ce ne fut que quelques années après (1373) que le zèle des peuples envers cette glorieuse Sainte se manifesta de nouveau avec éclat, à la suite des graces signalées reçues par son intercession, ainsi qu'il a été rapporté en son lieu. Et puis voyez ce que nous disions de la piété qu'avait pour elle Philippe de Cabassole, qui, en sa qualité de patriarche de Jérusalem, devait être président-né de cette illustre assemblée, dont les Pères, la veille de la clôture, le 13 mai, s'appliquèrent à établir un centre de pélérinage à Saignon auprès d'une parcelle insigne du bois sacré de la croix ; mais ces dispositions furent bientôt contrariées par l'entrainement des peuples à venir à Apt. Les deux localités étaient trop rapprochées.

Nos Mémoires nous apprennent aussi, que les Stes-Maries Jacobé et Salomé en s'éloignant de la Judée emportèrent avec elles le corps

l'institution de la Fête-Dieu, établie par Urbain IV en 1264, quoiqu'il ait composé son livre vingt-

de Ste-Anne, leur mère, d'après une foule d'écrivains ecclésiastiques et quelques Pères de l'église (*), ne voulant pas laisser sur une terre déicide, dont Notre-Seigneur avait prédit la ruine, cet objet de leur tendresse; les anciens patriarches le pratiquaient ainsi, et certains peuples de l'Amérique obligés de quitter leur pays en ont fait autant.

Conduites par la divine Providence, ces saintes femmes abordèrent, avec St-Lazare et ses sœurs, sur les côtes de la Provence, qui furent, pour cette bienheureuse troupe, une plage hospitalière. Là elles confièrent à St-Auspice, notre premier évêque, ces sacrés ossements.

Voilà un fait traditionel, qui bien certainement n'a pas été inventé à plaisir et qui a sa raison d'être, avancé et soutenu par des historiens du pays. Quels sont les actes sérieux à lui opposer? Que M. Faillon n'en parle pas! Mais on le comprend; il s'attache, lui, à prouver le point capital de son sujet, et ceci n'est qu'un léger incident, étranger même à sa thèse. Ajoutons que tout démontre qu'il n'a eu aucune connaissance de nos titres. Ainsi, de son silence on ne peut rien argüer contre nous, ni infirmer le moins du monde une créance vieille d'un grand nombre de siècles, *a multis temporibus in quodam oratorio... quievit*, disait un pape en 1404 en parlant de Ste-Anne. Créance qui d'ailleurs ne repose pas uniquement sur cette version. En effet, il a été observé, en commençant, que la translation de ses insignes reliques est attribuée par quelques auteurs, aux premiers chrétiens en général qui vinrent prêcher l'évangile en Provence et en particulier, suivant d'autres, aux saintes dont nous venons de nous occuper et même à St-Auspice.

La vigne et le raisin, *vitis fructifera*, comme chante l'église, sont des emblèmes de Ste-Anne; aussi chaque année son buste, porté à la procession, en est revêtu; on les voit sur tous les objets qui lui sont consacrés, sur les murs de la chapelle, sur les revers des portes de la grande niche, sur les dalles qui forment la voûte de la crypte inférieure où ses reliques ont reposé pendant tant de siècles, et qui n'a plus été depuis 1392 qu'elles en ont été extraites, qu'un lieu de pieuse curiosités: ils sont là entremelés à des ornements d'une architecture fort gothique, formant, par leur disposition, quatre carrés avec inscriptions en caractères barbares qui indiquent les neuvième et dixième siècles. Nous ne les transcrivons pas ici; nous y renvoyons les savants.

(*) D. Ignat. Epist. I. ad Joan. Evang. St-Jérome sur St-Mathieu, contre Helvidius, lettre 150 et dans l'ouvrage sur les écrivains ecclésiastiques. Théodoret sur les Galates. Bède sur St-Marc. St-Chrisologue serm. 480. Jean Gagneus, épitre I. ad gall. Aymon. évêque d'Arras, Eusèbe de Césarée. D. Anton. Gerson. Eckius. Lanspergius et autres.

trois ans après. Comment expliquer un pareil oubli ?

Dans les diptyques du monastère de St-Aurélien à Arles, il est prié pour les morts par l'intercession de la Ste-Vierge, des Apôtres, de St-Genez, de St-Symphorien, Beaudile et Victor, et il n'est point adressé d'invocation à St-Trophime, un des principaux patrons de la ville, le titulaire de la grande église. Comment cela encore !

Les médailles frappées pour le couronnement de Louis XIV indiquent une date différente de celle que les historiens contemporains s'accordent à fixer comme désignant le jour de cet évènement. Un seul, le savant Dom Ruinart, donne l'explication de cette différence qui est fort simple. Sans lui, dans les temps reculés, quel moyen de tout concilier ?

Le trente-neuvième chapitre d'Isaïe nous apprend que Mérodach Baladan, roi de Babylone, envoya une ambassade à Ezéchias, roi de Juda. Mais à cette époque, cette ville formait une province dépendante du puissant royaume d'Assyrie, administrée par un simple gouverneur. Comment donc Mérodach Baladan pouvait-il envoyer en qualité de roi des ambassadeurs à un prince alors en guerre avec son maître ! Ce point historique était inexplicable et les ennemis de la religion s'en prévalaient, lorque un fragment de Bérose, découvert de nos jours, prouve que ce qui paraissait incroyable, est parfaitement vrai (1).

(1) Discours onzième sur les rapports entre la science et la religion revélée, par le cardinal Wiseman, in-12, page 483.

On pourrait bien apporter d'autres exemples de ce genre; mais en voilà assez pour montrer que d'un passage sans solution, ou de ce qu'on se tait sur une question, il n'est pas permis d'en déduire une conséquence, d'en tirer un fait contraire à ce que la foi publique et des titres préexistants ont admis comme véritable jusqu'alors; loin de là, le silence ici est une affirmation.

Nous insistons peut-être un peu trop sur ce point, nous le sentons, car il nous tarde d'arriver au but que nous nous étions proposé, craignant avoir déjà dépassé les bornes d'une simple notice. Quoiqu'il en soit, il nous fallait, d'une nécessité absolue, démontrer la légitimité du culte que l'antique église d'Apt a toujours rendu, dans la succession des temps, à la mère de la mère de Dieu, produire quelques-uns des titres qui établissent l'authenticité des précieuses reliques de la Sainte que par une disposition bienveillante de la divine sagesse, cette célèbre église a le rare bonheur de posséder depuis le commencement du christianisme et dont elle est l'unique dépositaire, dit un des plus grands évêques de son siècle (1) et avant lui tous les auteurs précités.

Ainsi nous devions, tout naturellement, justifier que ces saints ossements n'avaient pas été supposés. Eh certes ! dans le cas d'une supposition, nos pères n'en seraient pas restés là, ils auraient assuré, en outre, posséder encore le corps de St-

(1). Mandement de Mgr de Foresta, 12 août 1696.

Joseph et celui surtout de St-Joachim (1) ; ce qui aurait rendu leur ville beaucoup plus recommandable, aucune église dans le monde se vantant de les avoir. La chose, disons mieux, la fraude, était d'autant plus commode et facile, que les corps de plusieurs saints inconnus reposaient dans la grotte (2) où fut découvert celui de Ste-Anne. Ceci

(1) Les noms des parents de la Ste-Vierge n'étaient point connus en Occident avant Charlemagne et même très-peu en Orient. Dans le 11me siècle, Pierre Damien, en Italie, nous dit que c'est une chose vaine et superflue de chercher à savoir qui était son père et quelle était sa mère. Ainsi à Apt on n'a pas pu, comme à Constantinople, présenter le corps d'une femme quelconque, comme étant celui de notre Sainte, dont le nom n'a été connu de nouveau dans notre église qu'au moment de la découverte des reliques (776). La ville saccagée et détruite par les Lombards et les Saxons (574), la population massacrée et dispersée, pendant ces deux siècles, on avait perdu le souvenir du nom de la Sainte et de l'avantage que l'on avait de posséder son corps.

(2) Ces corps inconnus alors, ou à peu près, existent encore, renfermés dans six tombeaux placés dans autant de niches pratiquées dans l'épaisseur du mur de la grotte supérieure de Ste-Anne. Quoique ces tombeaux accusent le style du treizième siècle, cela ne préjudicie cependant, en aucune manière, à la haute antiquité des saints ossements qu'ils contiennent; nous en avons parlé ailleurs.

La note de la page 29 demande de notre part une explication ; elle n'exprime pas assez nettement notre pensée, nous la donnons ici :

Il est dit à cet endroit, qu'au centre du grand escalier de la nef principale de l'église, il n'y avait pas de descente qui conduisît dans la crypte de Ste-Anne. Nous maintenons notre assertion jusqu'à la preuve du contraire, ce qui sera, probablement, très-difficile à démontrer. Il existait tout simplement là un large oculus, ou fenêtre, d'où la vue se portait dans l'édifice autant que l'obscurité du lieu pouvait le permettre On y venait de la nef, dont le niveau alors était plus bas qu'aujourd'hui, par quelques degrés et un corridor, à découvert, le tout parcourant une espace de quatre mètres et plus ; de sorte que le sanctuaire se trouvait ainsi partagé jusque vers le milieu. Dans la partie à droite, c'est-à-dire, du côté de l'Epitre, était le siège de l'évêque, qui a occupé cette place jusques en l'année 1710 qu'on le transporta dans l'abside, où il est encore. Vis-à-vis et sur la

est donc une preuve évidente et palpable de leur bonne foi. Dès lors, nous devions dire, de quel endroit et comment nous avions reçu ce sacré dépôt, quels avaient été les progrès de la dévotion des peuples envers cette grande Sainte, publier les grâces spirituelles concédées par plusieurs souverains pontifes, en faveur de ceux qui viendraient à Apt visiter son tombeau (1), parler de

pointe du pilier contre lequel est fixé le banc des magistrats, était le jubé qui a servi longtemps de chaire aux prédicateurs.

Mgr de Vacon fit disparaître cette génante irrégularité et mit le sanctuaire dans l'état où nous le voyons. Nous devons aussi à la munificence de ce Saint et bienfaisant prélat notre maître-autel, remarquable autant par sa noble simplicité que par la richesse de ses marbres, les quatre belles marches qui le précèdent lui servant comme d'escabeau, et les dalles du chœur, en marbre aussi.

Le vieux mur qui formait le socle de l'oculus, semble attester par son ancienneté, la même que celle du monument, la non existence, dans les temps passés d'une descente par là; il est vrai le mufle enchâssé dans les flancs de ce pan de muraille n'y a pas été mis en la construisant; ce n'est que plus tard qu'on aura voulu profiter de cette place libre pour y établir des fonts baptismaux, mais cela bien avant l'époque où Mgr de Vacon fit murer cette fenêtre; ce que démontre, sans réplique, le cachet de vestuté imprimé par le temps sur cet ouvrage.

Tout ceci indiquerait donc que l'acte trouvé à la mairie serait inexact, à moins que l'auteur ait voulu dire qu'on allait du bas du sanctuaire seulement jusqu'à la fenêtre donnant dans la grotte, et non réellement dans la grotte; au reste cette première version parait pouvoir être admise.

Voici de cet acte le passage qui nous regarde :

Le Chapitre ayant voulu fermer l'escalier qui descendait à la grotte (remarquez: il n'est pas dit dans la grotte) *de Ste-Anne, au devant et au bas du sanctuaire, au milieu des deux montées pour aller au même sanctuaire, pour y substituer la montée en rond telle qu'elle est aujourd'hui...* Le reste est étranger à notre sujet.

(1) Nous avons indiqué précédemment, suivant divers manuscrits, les noms des papes et la date des bulles par lesquelles ils reconnaissent l'authenticité des reliques de Ste-Anne. Nous donnerons plus tard une copie du texte de ces pièces.

l'empressement de toutes les classes de la société, depuis les têtes couronnées jusqu'aux plus humbles habitants des campagnes, à profiter de ses bienfaits ; pour la gloire de son nom, il nous fallait désigner quelques-uns de ces grands du monde, qui sont venus s'agenouiller dans son auguste sanctuaire et là, réclamer humblement ses suffrages, et ceux encore qui, par leur savants et pieux écrits, ont contribué à exalter son crédit et sa puissance et ont appris aux peuples combien elle aimait à être honorée dans ce lieu. Tout cela, on le sent, a exigé un certain développement et parfois des redites presque inévitables qu'on voudra bien nous pardonner, en vue de l'intention qui nous a dirigée dans notre travail. Ainsi, nous l'avouons volontiers, parceque nous savons que nous disons la vérité : Nous n'avons eu en tout ceci qu'une pensée, nous ne nous sommes proposé qu'un but : ce but unique, cette unique pensée ont été, de chercher autant que nos faibles moyens pouvaient nous le permettre, à ranimer parmi les fidèles de notre temps, cette antique dévotion des âges passés, envers l'auguste et sainte aïeule du Christ, en leur présentant les titres qu'elle a à leur hommage et à leur vénération et les faveurs qui ont toujours été libéralement répandues sur ceux qui dans les malheurs de la vie l'ont invoquée ici avec confiance.

Pour nous, surtout, habitants d'une ville qui a le glorieux privilège de posséder sa dépouille mortelle, mettons-nous d'une manière spéciale sous sa bienveillante protection ; faisons revivre en nous le dévouement de nos ancêtres pour elle. Il ne devrait y avoir dans notre cité, aucune famille qui ne lui fût consacrée, son image devrait décorer toutes nos maisons ; elle en serait la sauvegarde. Ignore-t-on que les grâces nécessaires au salut nous seront inévitablement accordées, si nous les demandons par elle, à Marie, qui ne refusera jamais de bénir celui pour lequel sa mère aurait intercédé! Puisque nous avons là une avocate disposée d'user, en notre faveur, du grand crédit qu'elle a auprès de sa fille tout-puissante, rendons-nous dignes par notre amour, notre piété et la régularité de notre vie, de ressentir les doux effets de ce pouvoir. Après la Ste-Vierge, il n'y a pas dans le ciel de Sainte plus élevée en gloire que sa mère et dont par conséquent le patronage puisse nous être plus avantageux; aussi la dévotion à Ste-Anne a toujours fait les délices des personnes pieuses.

C'est ainsi que nous pourrons espérer de voir revivre parmi les peuples circonvoisins cet empressement à venir ici honorer ses insignes reliques. Mais de plus, faisons nos efforts pour rendre à l'auguste et royale chapelle qui lui est consacrée et déjà si belle, son ancienne gloire. Qu'elle soit richement décorée, éclairée comme jadis par un grand nombre de lampes, ses vitraux ne donnant qu'un demi-jour, la grande grille ouverte qu'à des époques déterminées, les précieux ossements toujours exposés à la pitié des fidèles avec beaucoup de révérence sous la présidence d'un prêtre et le divin sacrifice journellement offert à heure fixe et invariable. Elle sera, dès lors, entourée de ce religieux respect qui engendre la plus profonde vénération. Faisons encore des vœux pour que le culte, le culte surtout rendu à la Sainte, soit ce qu'il était et sa fête solennisée avec la splendeur d'autrefois.

Voilà les moyens qui nous paraissent devoir concourir efficacement au retour de cette aimable, de cette touchante dévotion à Ste-Anne qui, dans les temps passés, faisait la joie de nos aïeux. L'exemple d'abord, donné par nous, *cepit facere*, et puis les causes secondaires indiquées ici, *et docere*. Là sont, du moins, des motifs qui prédisposent et qui finissent par déterminer dans ces moments de violentes anxiétés où l'homme sent plus que jamais le besoin d'un secours surnaturel.

Quant à nous, personnellement, nous serions heureux si, avant d'arriver au terme de notre carrière, il nous était donné de penser que nos vœux seront bénis et que la cité tout entière célébrera, maintenant et à jamais, les gloires de sa *gracieuse* (1) Patronne, avec l'élan de l'amour et de la reconnaissance et que des flots de pélerins se presseront encore autour de ses saints parvis.

Nous pourrions alors nous écrier avec le prophète :

C'est ainsi que le Seigneur consolera Sion ; il la consolera de toutes ses ruines ; (2) il change-

(1) *ANNE*, en langue hébraïque signifie *gracieuse*.

(2) La perte du siège épiscopal, de tous nos établissements religieux, de plusieurs bustes et châsses en vermeil, d'un grand nombre d'objets en or et en argent conservés dans la chapelle Ste-Anne, de l'argenterie de la cathédrale et de celle des autres églises de la ville, ce qui réuni formait un riche trésor; ainsi l'application est naturelle.

ra ses déserts en un lieu de délices, et sa solitude en un jardin du Seigneur ; on y verra partout la joie et l'allégresse ; on y chantera des actions de grâces et des cantiques de louanges.

Consolabitur ergo dominus Sion; et consolabitur omnes ruinas ejus : et ponet desertum ejus quasi delicias, et solitudinem ejus quasi hortum domini. Gaudium et lœtitia invenietur in eâ, gratiarum actio et vox laudis (Isaïe, ch. 51. v. 3).

Appuyé sur une si douce espérance, nous terminerons la première partie de notre travail par cette devise bien chère à un cœur chrétien :

Ad majorem dei gloriam,

A la plus grande gloire de Dieu,

dont toute celle des Saints, quelque brillante qu'elle soit, n'en est cependant qu'un pâle reflet.

Mais avant de reprendre notre sujet, nous allons donner immédiatement l'inventaire des saintes reliques fait, le 4 du mois de septembre de l'année 1602, par Marc-Antoine Espagnet, Conseiller au Parlement de Provence, Pierre d'Aymard, Procureur Général du Roi et Jean de Vivau, audiencier, ou Garde-sceaux de la Cour, assistés des deux plus habiles chirurgiens de la ville et en présence de l'un des grands vicaires, des magistrats, d'une partie de la noblesse et de plusieurs personnes de différentes conditions.

Inventaire des Reliques

DE SAINTE ANNE

Fait le 4 du mois de septembre de l'année 1602, par Marc-Antoine Espagnet, conseiller au Parlement de Provence, Pierre d'Aymard, Procureur-Général du Roi, et Jean de Vivau, audiencier ou garde sceaux de la Cour, assistés des deux plus habiles chirurgiens de la ville et en présence de l'un des Vicaires-Généraux des magistrats et d'un grand nombre de personnes des plus honorables de la ville.

Un os appelé *sacrum*, presque tout entier ;

Une pièce des aperficies du genou ;

Deux os de la cuisse, appelés *fémur* : un de la longueur d'un pied, et l'autre d'un pied et demi ;

Quatre dents entières ;

Une pièce de l'os de la jambe, d'un pied et demi de long ;

Une autre pièce de l'extrémité des mêmes os ;

Un troisième os de la cuisse, appelé *fémur*, d'un demi pied ;

Un os de l'omoplate, avec une partie du jugal ;

Une pièce de la clavicule ;

Une autre partie du *fémur* ;

Une pièce de la vertèbre la plus base ;

Deux grosses pièces de la sommité de l'os *fémur* ;

Deux petites faucilles, l'une du bras et l'autre de la jambe ;

Plusieurs ossements qui paraissent être les carpes et les métacarpes des pieds et des mains ;

Une partie de l'os *pubis* ;

Six vertèbres, dont l'une est tout entière ;

Une extrémité d'une partie de l'omoplate ;

Plusieurs pièces des côtes ;

Quelques pièces de l'os *brachium* ;

Quatre faucilles, et plusieurs autres petits ossements qui ne peuvent recevoir aucune désignation particulière, non plus que les fragments qui sont renfermés et scellés dans une urne en cristal.

Il n'est pas question ici, de la partie du Chef de la Sainte que l'on avait encore à cette époque, se trouvant dans le buste appelé, à cause de ce: *repositorium capitis divinæ Annæ*.

Nous voyons par cet inventaire qu'on ne conservait plus alors dans l'église d'Apt, qu'une partie du corps de Ste-Anne, ce qui venait de la facilité avec laquelle le Chapitre en cédait autrefois; c'est pour veiller à la conservation de ce qui restait, que les mesures dont nous avons parlé précédemment furent prises.

SECONDE PARTIE.

DES FONDATIONS PIEUSES,

Offrandes et Vœux

FAITS EN L'HONNEUR DE SAINTE ANNE.

SECONDE PARTIE.

On a vu, par les quelques lignes qu'on vient de lire, qu'elle était la dévotion des peuples envers Ste-Anne et avec quel empressement on se rendait à Apt pour honorer ses précieuses reliques. De là on a facilement compris combien grandes devaient être les offrandes de toute nature déposées à son tombeau. Elles furent en effet si multipliées et si abondantes, que déjà, nous l'avons dit, Benoit XII donne en 1338 une bulle pour en régler l'emploi et une autre bulle d'Alexandre VI excommunie, en 1494, ceux qui les détourneront de leur destination.

Cependant à la suite de cet aperçu présenté en général, nous croyons, pour l'édification publique, devoir signaler un certain nombre de faits particulier et entrer dans quelques détails. Ne possédant plus, pour nous diriger dans ce nouveau travail, de registres spéciaux, nous sommes forcé d'avoir recours au petit nombre de manuscrits qui seuls ont échappé aux injures du temps et des hommes, où nous trouvons épars ça et là le peu qu'on va transcrire. Nous parlerons aussi des fondations que nous avons pu découvrir. Nous commencerons même par là.

DES FONDATIONS PIEUSES,

OFFRANDES ET VŒUX

Faits en l'honneur de Sainte Anne.

Des Fondations.

C'est donc une sainte et salutaire pensée de prier pour les morts, afin qu'ils soient délivrés de leurs péchés.
(Macchabées, liv. II, v. 46.)

Hugues de Sade qui avait habité longtemps la ville d'Apt, où il posséda les premières charges, fonde par son testament de l'an 1364 deux messes, qui se diront dans une chapelle qu'il fit élever en l'honneur de Ste-Anne dans l'église des Cordeliers à Avignon. *Archives de l'Hôtel-de-Ville.*

Nous avons pensé devoir inscrire cette fondation, quoique étrangère à notre ville,

1° Parce qu'elle est faite à la gloire de notre patronne et par une personne qui avait passé une grande partie de sa vie parmi nous, où elle avait puisé cette ardente dévotion pour elle.

2° Parce qu'elle nous est une preuve que le culte de la Sainte était déjà fortement établi dans la contrée.

— Antoine Guichard, fonde quatre anniversaires, dont l'un devra être dit la veille de l'invention de Ste-Anne et un autre la veille du jour de la fête.
Notaire Rollet HORTIE, 14 février 1564.

—Mme Marie de Vacqueiras fonde une messe qui se dira à l'autel de Mad. Ste-Anne et lègue 150 florins, par son testament du 11 février 1608.
Notaire André BERMOND.

— Mlle Marguerite de Pluvier a fondé quatre grand'messes, dont la première se dira, le lundi après l'Octave de Pâques, dans la chapelle de Mad. Ste-Anne et a légué quinze livres de pension.
6 novembre 1621, *notaire* Valeri HORTIE.

— Mlle Victoire de Rippert, femme en son vivant de feu M. Gabriel de Royère, a fondé une messe pour tous les jours de l'année à l'autel de Mad. Ste-Anne.
28 février 1638, *notaire* DE GADRET.

— François Aymond, a donné au vénérable

Chapitre de l'Église Cathédrale d'Apt, un capital de 150 livres avec obligation de dire une messe à la chapelle de Ste-Anne tous les mardis de l'année.

2 mai 1644, *notaire* Charles Provençal.

— Honoré Mulchi, prêtre prieur de Barrême, diocèse de Sénez, fonde une chapellenie de quatre messes, sous le titre de *l'invocation de Ste-Anne*, *a donné et donne en dot et pour cause de dot de cette fondation, un fond et capital de deux mille livres.*

7 janvier 1647, *témoins* Elzéar Athenoux; Sauvaire Bouchet, marchand et Pierre Richard, tisseur de draps.

— En 1654, le régiment de Mercœur était sur les côtes d'Italie en très-grand danger de faire naufrage; dans cette extrémité, le commandant et les officiers réclament avec confiance le secours de Ste-Anne, appelée, disent-ils, *le port et l'ancre des navigateurs*. Par suite de ce vœu, leur aumônier, le père André Toupin, muni de leur procuration, par devant Pierre Giraud, notaire à Toulon, a fait et établi à perpétuité dans la chapelle de Ste-Anne d'Apt, la fondation d'une grand' messe, qui se dira le jour de St-André et sera appelée messe de Mercœur, pour laquelle il donne soixante livres.

4 janvier 1655, *notaire* de Gadret.

— La reine Anne d'Autriche établit en 1660 une fondation annuelle de six messes en l'honneur de sa patronne.

L'acte en est gravé sur une plaque en cuivre.

— Messire Charles-Alexis de Mansel, chevalier

haut et puissant seigneur, lègue à la chapelle de Ste-Anne d'Apt, par son testament nuncupatif reçu par Me Bontard, notaire d'Aix, en l'année 1670, la somme de 125 francs pour cinq cents messes de morts.

— Madame Anne de Pontèves de Buous, veuve de messire Thomas de Riquetty, seigneur de Mirabeau et de Beaumont, fonde deux messes basses qui se diront, toutes les semaines, à l'autel de Ste-Anne, l'une le mardi, pour les vivants, et l'autre le samedi, pour les morts, et donne pour ladite fondation, 2,000 livres.

7 Septembre 1673, Garnier, *notaire Garde-note* de la ville de Marseille.
(*Archives du Chapitre*).

— Messire Jean Thomas de Millaud, chevalier de l'ordre de St-Jean de Jérusalem, commandeur de Montfrin et de ses dépendances, mu par sa dévotion à Ste-Anne, mère de la glorieuse Vierge Marie, fonde à perpétuité une grand'messe pour laquelle il donne une somme de trois cents livres.

28 février 1673, *notaire* Eymieu.

— Tous les mardis de l'année on dit à la chapelle de Ste-Anne une grand' messe pour les bienfaiteurs, pour laquelle le Chapitre paye annuellement trente francs.

(Extrait du calepin du Chapitre).

—Mgr Jean de Lossel, évêque de Viviers, a fondé une messe basse qui se dit à la chapelle de Ste-Anne, pour laquelle il a donné un capital de quarante écus produisant une rente de trois francs.

— Par une requête présentée à Mgr de Vaccon le 11 février 1744, nous voyons le Chapitre obligé d'appliquer dans la chapelle de Ste-Anne 490 messes basses

Dont 52 fondées par M. Brémond, prieur de Buous rétribution annuelle 52 francs.

1. . . . par M. Sac, italien, rétribution annuelle 2 fr. 50 cent.

2. . . . par M. de Valcroissant, gouverneur d'Arras, rétribution annuelle 15 francs.

9. . . . par Mme d'Adeilmard de Grignan, dame de Buoux, rétribution annuelle 4 francs.

6. . . . par M. Meyssonnier, jadis curé, rétribution annuelle 15 francs.

52. . . . par Mlle Marguerite de St-Savornin, rétribution annuelle 26 fr.

12. . . . par M. de Castellane, rétribution annuelle 10 francs.

(Archives de l'Évêché).

— Suivant le décret de Mgr de Cély, dernier évêque d'Apt, du 20 septembre 1781, on doit appliquer trois cent dix messes dans la chapelle de Ste-Anne.

—On chante dans la chapelle de Ste-Anne quatre anniversaires de chanoines, avec quatre cierges à l'autel, savoir : la prémière semaine de janvier, la première et la seconde semaine d'avril et la seconde de mai ; et six grand' messes de curé avec deux cierges, savoir : dans l'octave de la fête de Ste-

Anne, la troisième semaine de février, la troisième semaine d'avril, la troisième semaine de septembre, la troisième d'octobre et la troisième de décembre.

Ancien tableau portant pour titre ;

(*Avis à MM. les Claviers de Ste-Anne*).

DES OFFRANDES

faites à Sainte Anne.

L'oblation du juste monte devant le Très-Haut comme une excellente odeur.

(*Ecclesiast., chap.* XXXV, *v.* 8.)

Les dons présentés à Ste-Anne étaient déjà si importants dans les treizième et quatorzième siècles, qu'un pape, comme il a été dit, fut obligé d'en régler l'emploi par une bulle expresse, et un autre, cent cinquante-six ans après, excommunie ceux qui en abuseront. Le jubilé accordé par Clément VII en 1534 procura des libéralités si souvent reproduites par la foule des pélerins qui se rendirent dans cette circonstance à Apt, qu'elles servirent, non-seulement, à réparer la cathédrale, à construire le frontispice de la grande porte, à l'achat de nouvelles orgues, mais toutes ces dépenses payées, il resta encore une forte somme dans la caisse du receveur.

Plus tard, la reconstruction de la grande voûte de l'église, l'édification du chœur et de la sacristie ensuite, furent faites les deux premières, de 1706 à 1709 inclusivement, en partie (1) du produit de la vente d'une lampe d'or, et l'autre, en 1783, de celui de la vente d'un très-beau diamant, le tout fourni par le trésor de Ste-Anne, qui procura encore au Chapitre la faculté de faire peindre par deux artistes Aptésiens, MM. Delpech et Marron, la majeure partie des beaux tableaux qui décorent en si grand nombre notre ancienne cathédrale. Et la magnifique chapelle où l'on conserve aujourd'hui les précieuses reliques de la Sainte est aussi le résultat des aumônes des fidèles. La reine Anne d'Autriche contribua puissamment à cette bonne œuvre, à laquelle aussi, Mgr Modeste de Villeneuve, de pieuse mémoire, consacra toutes les années de très-fortes sommes.

Mais entrons dans quelques détails; nous nous y sommes engagé.

Nous voyons d'abord Perrin Ollier envoyer en 1256 de Paris à Apt, son fils Raymond Ollier, pour remercier Ste-Anne d'une grâce reçue par son intercession, avec pouvoir de demander au Chapitre l'autorisation de fonder dans la cathédrale une chapelle en son honneur, à laquelle ledit Perrin Ollier fit un legs considérable par son testament de

(1) Par délibération du Conseil général de la ville, du 11 octobre 1705, il est reconnu qu'il y a urgence à voter une somme pour aider le Chapitre à reconstruire une partie de l'église qui tombait en ruine et par celle du 18 du même mois on fixe la somme à fournir. Signés, Vachères, consul; Bontemps, consul; Monier, consul; Molinas, Dubois, Courtasse, Raynaud, Masse, Jean Almaric, Simon Jean, conseillers requis; Joseph Forest, pour le Secrétaire Courtois, malade. 13 janvier 1706.

l'an 1264. Cette famille se fixa ensuite dans notre ville où elle occupa les charges les plus honorables. Elle existait encore en 1714,

— En 1375 quelques personnes donnent au Chapitre une partie de leurs biens, pour l'aider à supporter la dépense qu'il faisait le jour de la fête de Ste-Anne.

(*Ancien cahier des Fondations*).

— La famille Beissan offre à la chapelle de Ste-Anne un calice de forme antique, marqué de ses armes.

(*Inventaire de l'année 1399*).

— En 1424, Louise de Beauvau, baronne de Sault, fait construire, à ses frais, une chapelle en l'honneur de Ste-Anne, où les reliques de la Sainte furent déposées.

(*Manuscrit de M. de Remerville*).

— Nous pensons que cette chapelle était sur l'emplacement qu'occupe aujourd'hui la grande sacristie, où l'on aperçoit encore des vestiges qui indiquent dans quel ordre elle était.

— Almondi à Siméone ordonna par son testament que sa guirlande d'argent fut mise sur le chef de Ste-Anne.

7 janvier 1432, *notaire*, Elzéar Ricard.
(*Archives de l'Hôtel-de-Ville*).

— Pierre Guichard donne des pièces d'argenterie et plusieurs bagues dont on fit le bras en vermeil, où l'on renferma un des pouces de Ste-Anne. Cette offrande fut faite par testament du 6 octobre 1458.

(*Archives de l'Hôtel-de-Ville*).

— Le 20 mars 1617, les reliques de Ste-Anne sont transférées de l'ancien coffre de bois de cyprès (voyez le procès-verbal de M. Dagut) où elles étaient conservées, dans une châsse en buis revêtue de lames d'argent offerte par le marquis de Malatesta, général pour notre St-Père le Pape au Comtat-Venaissin. Les armoiries de ce général et une inscription furent gravées en relief sur le devant de la châsse, pour perpétuer la mémoire de ce bienfait.

Le buste en vermeil qui surmonte cette châsse, appelé *Repositorium capitis divinæ Annæ*, fut fait des dons des fidèles, sollicités par une lettre pastorale de Mgr Jean de Fillety du 4 novembre 1407. D.lphine de Sabran donna cent florins d'or et des personnes de tout rang ce qu'elles avaient de plus précieux.

— Messire Ange de Pontevès, seigneur de Buoux, baron de St-Martin-de-Castillon, lègue par son testament la somme de douze cents livres pour la construction d'une nouvelle chapelle en l'honneur de Ste-Anne.

1630, *notaire* DE GADRET.

— Le maréchal de Vitry, gouverneur de Provence, se rendit à Apt le 26 juillet de l'année 1633, accompagné de l'archevêque d'Aix et de tous les Procureurs de la ville, pour assister à la fête de Ste-Anne. Là, il offrit à la Sainte une lampe d'or, d'un fort beau travail, pesant quatre livres deux onces (1,650 grammes).

— Le Père André Toupin, aumônier du régiment de Mercœur, outre la fondation d'une grand'messe faite au nom du commandant et officiers dudit régiment, comme nous l'avons dit, *article Fondations*, donne encore, pour concourir à l'achèvement de la nouvelle chapelle que l'on construisait alors en l'honneur de Ste-Anne, la somme de deux cent dix-huit livres, qui lui restait de ce qu'il avait reçu de ses constituants.

4 janvier 1655, *témoins* : François Masse, seigneur de Rustrel, Alexandre Mervesin, Claude de Mathieu, écuyer, et François Vapaly.

— Le 27 mars 1660, la reine Anne d'Autriche vint à Apt honorer les reliques de sa glorieuse patronne. Elle lui offrit comme témoignage de sa reconnaissance pour les grâces signalées qu'elle en avait reçues, une statue de la Sainte en or massif de plus de 6 pouces de hauteur, un aigle en or massif aussi, de pareille grandeur enrichie d'émeraudes et une couronne également ornée de pierres précieuses (1).

— L'an mil six cent soixante-dix et le dix-neuf du mois d'août, les *Claviers* de la chapelle de Ste-Anne reçoivent de haute et puissante dame des Taillades la somme de quatre-vingt-treize livres dix sols, pour être employée en réparations à la

(1) La relique extraite de la châsse le 22 septembre 1623 pour être remise à la reine était, suivant le manuscrit de M. de Remerville que nous avons consulté, l'os de l'un des pouces de la Sainte ; l'autre fut scellé dans un bras en vermeil ; mais un titre qui présente tous les caractères désirables d'authenticité, dit nettement que cet ossement était une partie du doigt *medicus* ou *auricularius*, ce qui a été admis par nous, (Voyez le procès-verbal de M. Degut).

chapelle de Ste-Anne. (*Archives du Chapitre*).

CORTASSE, *notaire*.

— Messire Honnoré Lordonnet, prêtre habitué à l'église St-Eustache, à Paris, ayant une *dévotion toute particulière pour sa bonne patronne Ste-Anne, dont le corps est gardé en grande vénération dans l'église cathédrale d'Apt, donne pour être employée au service de la dite chapelle où réside ledit corps, sa chapelle d'argent*, par son testament fait à Paris, le 14 décembre 1693.

Notaires Gardenotes au Chatelet;
VATRY, TORINON.

Cette chapelle consistait en un grand calice avec sa patène, un ciboire, une paire de burettes, une cuvette et un soleil.

(*Calepin, archives du Chapitre*).

Malgré les fortes sommes employées aux réparations générales de l'église dans différentes époques, et surtout à la superbe chapelle consacrée à la Sainte, nous trouvons encore, lors de la visite pastorale de Mgr Jean de Gaillard, en 1673, un trésor d'une très-grande valeur dont la majeure partie est toujours le produit des libéralités des pieux pélerins.

Nous avons déjà parlé du beau buste en vermeil de Ste-Anne; il était appuyé sur quatre lions, de même que la châsse sur laquelle il reposait. La tête avait une certaine physionomie de grandeur dont le regard était frappé. Elle portait une couronne d'or enrichie de pierres précieuses, donnée par la reine Anne d'Autriche.

En outre on conservait encore :

— Un reliquaire d'argent de la figure de la Sainte ;

— Deux belles urnes en cristal, dont l'une contient des débris de ses reliques et l'autre son *voile ou suaire* ; elles sont toutes deux scellées ;

— Une châsse garnie de lames d'argent, renfermant les reliques de St-Auspice, surmontée de son buste en vermeil ;

— Un coffre couvert de platine d'argent et le buste en vermeil de St-Martian ;

— Un piédestal d'argent, avec une ampoule contenant de la graisse liquide du diaphragme ou humide radical du même Saint (1) ;

— Un bras d'argent, avec un ossement de St-Auspice ;

— Un bras d'argent et un ossement de St-Castor ;

— Une châsse et le buste en vermeil de ce Saint, avec une partie de son crâne ;

— Trois grands calices d'argent, deux unis et un ciselé, les coupes et les patènes dorées, pesant trois marcs et demi chaque ;

— Un bras en vermeil, avec un des pouces de Ste-Anne ;

— Une lampe d'or offerte par Mgr de Vitry, et treize en argent ; celle d'or et quelques-unes des

(1) Humeur regardée comme le principe de la vie dans le corps humain.

autres furent vendues, et le produit employé comme il a été dit ci-dessus ;

— Quatre chandeliers ciselés et une croix d'autel en vermeil ;

— Deux burettes, le bassin et une clochette en argent ;

— Une statue de la Vierge, avec un petit enfant Jésus entre ses bras, en argent ;

—Plusieurs pièces d'orfévrerie, offertes par Mgr de Gaillard ;

— Un camail d'or de la châsse de Ste-Anne, enrichi de pierres précieuses, d'une croix de Malte et de diverses autres pierres précieuses attachées au dit camail ;

— Une *baguée* contenant vingt-deux bagues en or et pierres fines. Il y en avait un bien plus grand nombre au moment de la Révolution ;

— Une mître à fond de Perse, enrichie de pierreries. Nous sommes porté à croire que c'est celle qui fut donnée par Jean XXII ;

— Un petit tableau revêtu de lames d'argent à diverses figures ;

— La croix pastorale de Mgr de Villeneuve ;

— Une tasse d'argent ;

— Une caisse revêtue de lames d'argent renfermant un sac de damas cramoisi, une autre sac en broderies d'or, marqué d'aigles écarlatées d'or, contènant des reliques, une bourse tissue or et soie doublée de satin bleu, avec des reliques encore, enveloppées de taffetas, savoir :

1° De St-Barthélemy ;

2° De Ste-Émérentienne ;

3° De St-Célestin ;

4° De Ste-Agnès ;

5° De St-Vincent, martyr ;

6° Des cheveux de Ste-Marie-Magdeleine ;

7° Du gril de St-Laurent ;

8° Un éclat de la pierre du tombeau de Notre-Seigneur ;

C'est à la piété des pèlerins, que cet auguste sanctuaire doit ces précieuses parcelles ; offrandes pour le moins d'une aussi grande valeur que celles de quelques pièces de métal.

Ce précieux trésor et les ornements de la sacristie devinrent la proie de la révolution, époque de bien douloureuse mémoire. Nos temples fermés et le culte proscrit, toutes ces richesses furent alors remises sous inventaire, à la garde de l'autorité civile. Soupçonnée d'en avoir détourné une partie, elle eut l'imprudence, pour se disculper de cette calomnie, de les montrer pièces à pièces au peuple, qui fut autant surpris de leur importance, que de la probité des dépositaires. Dès lors tout espoir de les conserver fut perdu ; il fallut nécessairement céder (1794). Mais la divine Providence ne permit pas que les reliques fussent profanées. Déposées dans la salle des archives de la commune, elles y restèrent intactes sous la surveillance des officiers municipaux, et leur conservation rendit aux habitants de la ville la perte du reste moins difficile à supporter (1).

Enfin, la paix rendue à l'église de France, ces reliques furent alors replacées dans de nouvelles châsses, mais en bois doré seulement, ou recouvertes d'une simple toile argentée; et la chapelle en dédommagement de ce qu'elle avait perdu en or et en argent, s'enrichit des corps de St-Elzéar et de Ste-Delphine, de quelques parcelles des reliques de Ste-Marguerite, vierge et martyre, et de St-François de Sales, renfermées dans des bustes, qui étaient l'ornement de l'église de la Visitation Ste-Marie et de celle des Frères-mineurs, deux des monastères de la ville supprimés par le décret de l'Assemblée constituante du 10 février 1790.

Pour ne rien omettre de ce qui peut intéresser notre sujet, nous allons indiquer ici sommairement tous les dons qui, offerts autrefois à Ste-Anne, ont échappé au bouleversement social dont la France a été victime, avec d'autres recueillis depuis; le tout de bien peu de valeur, comme on va le voir. Quel contraste aussi avec la magnificence des temps passés?

Nous désignerons également et avec bonheur, une à une, les nombreuses et précieuses reliques que l'on a l'incomparable avantage de posséder, car elles sont aussi l'ornement et la gloire de cette église.

(1) *Histoire de l'église d'Apt*, page 402.

On conserve donc aujourd'hui dans la niche de Ste-Anne, savoir :

— Neuf groupes de beaux coraux, pesant ensemble cinq livres 7 onces ;

— Un rosaire de grosses perles blondes, avec une croix en laiton ;

— Un rosaire à petites perles blondes, avec un cœur filagramme en argent ;

— Un rosaire à perles de bois ;

— Un rosaire corail, avec la croix de même ;

— Un rosaire de perles à facettes sculptées, avec creux et la relique d'un Saint dans chaque, recouverte d'un petit cristal et la croix de même ;

— Un chapelet coco, croix idem ;

— Un chapelet coco ordinaire ;

— Un collier coco et verre ;

— Un collier en boules de verre, avec un cœur en agate et croix garnie d'argent ;

— Une petite croix en or, avec un cœur idem, pesant deux deniers six gros, donnée à Ste-Marguerite ;

— Une croix vermeil à filagramme ;

— Un collier de Ste-Anne à grosses boules de cristal, portant un fermoir crisocal, une croix verre et argent et un médaillon en or au chiffre de la Sainte, pesant dix deniers ;

— Trois œufs d'autruche ;

— Le livre de prières de Ste-Delphine, avec un fourreau maroquin rouge, à filets dorés, portant ces mots : *Livre de Ste-Delphine*, lequel est renfermé dans une boîte peinte en rouge et fleurdelysée ; ce livre est du treizième siècle. La Sainte naquit en 1284 et mourut, pleine de vertus et de mérites, le 26 novembre 1360. On garde encore dans cette boîte un couvert en argent : cuillière, fourchette et couteau, qui a été remis à l'église comme ayant appartenu à la même Sainte ; il pèse 33 grammes et 5 décigrammes (1) ;

— Le buste de St-Elzéar en bois doré, ainsi que celui de Ste-Delphine, et une parcelle de leurs reliques dans chacun ;

— Le buste de Ste-Marguerite, idem, avec une relique insigne ;

— Le buste de St-François de Sales, idem, et une parcelle de ses reliques ;

— Une petite statue de St-Martian en bois peint, avec reliques ;

— Quatre bras en bois doré avec des reliques, 1° de Ste-Anne, 2° de St-Elzéar, 3° de St-Vincent, martyr, 4° de St-Clair et de St-Loup ;

— Une châsse contenant les reliques de St-Auspice, recouverte d'une toile argentée et le buste du Saint en bois doré appuyé sur une autre châsse

(1) Ce livre est écrit sur velin et orné de miniatures fort curieuses. Il est de grand prix comme objet religieux ; il le serait aussi comme objet d'art s'il n'était pas incomplet. Les feuillets qui manquent ont été sacrilègement arrachés par des personnes visitant la niche des Saintes Reliques, et c'est par cet acte de grossière et de stupide indélicatesse qu'elles ont répondu à la complaisance que l'on avait pour elles, en leur montrant des choses si dignes de notre vénération et de nos respects.

également dorée, avec une parcelle de ses reliques ;

— Une châsse contenant les reliques de St-Castor, revêtue aussi d'une toile argentée et le buste du Saint porté sur une autre châsse ; le tout en bois doré, avec reliques encore ;

— Une châsse, avec compartiment, enveloppée d'un *beau drap d'argent*, renfermant les corps de St-Elzéar et de Ste-Delphine ;

— Une petite caisse sculptée et dorée avec inscriptions en caractères gothiques, portant quatre sceaux aux armes de l'ancien Chapitre ;

—Une autre caisse plus petite, non scellée, contenant des reliques sans noms, avec inscriptions en caractères gothiques aussi ;

— Une autre caisse oblongue à dos-d'âne (1) ornée de peintures antiques sur cuivre, contenant également des reliques sans noms ;

— Une urne, ou vase richement colorié, de forme antique, contenant *le voile ou suaire de Ste-Anne*, laquelle est soigneusement scellée (2) ;

— Un autre vase du même genre, contenant des reliques de Ste-Anne scellées ;

— Un autre vase du même genre plus petit et vide, ayant le pied endommagé ;

(1) Elle a été estimée dernièrement deux mille francs par un amateur distingué.

(2) Le ruban qui porte le sceau étant usé d'un côté, on a pu, il y a quelques années, tout en conservant ce sceau intact, sortir le voile du vase, et cela sans avoir prévenu la Fabrique; on en fit ensuite des *fac-simile*, dans une pensée mercantile.

— Deux anciennes mîtres d'évêques ;

— Un tableau couvert de lames d'argent, représentant les mystères de la Passion de Notre-Seigneur ;

— Une petite fiole renfermant du suc ou humide radical de St-Martian, montée sur un piédestal en étain. Il était autrefois en argent, ainsi qu'on l'a vu.

— Une caisse renfermant plusieurs Saintes Reliques, savoir : un petit sac de soie, contenant des ossements de St-Martian, des reliques de St-Vincent, avec authentique ;

— D'autres reliques déposées dans une petite boite d'ivoire, dont six paquets, renfermant :

1° Un authentique signé Sollier ;

2° Partie du bras de St-Elzéar ;

3° Une portion de la chemise de St-Elzéar ;

4° Fragments des reliques de St-Auspice ;

5° Fragments des reliques de St-Martian ;

6° Fragments des reliques de St-Antoine l'ermite ;

Sept paquets renfermant :

1° Un morceau de la colonne de la flagellation ;

2° Fragments des reliques de Ste-Anne ;

3° Fragments des reliques de St-Antoine de Padoue ;

4° Fragments des reliques de St-Laurent ;

5° Fragments des reliques de St-Pantaléon ;

6° Fragments des reliques de Ste-Anastase ;

7° Fragments des reliques de St-Venance ;

Douze paquets renfermant :

1° Reliques sans noms placées dans une petite châsse cylindrique verre et argent ;

2° Deux médaillons portant des figures sans noms ;

3° Des reliques de St-Justin ;

4° Des reliques de St-Louis ;

5° Des reliques de St-Fructuosus ;

6° Des reliques de St-Innocent ;

7° Des reliques de St-Clément ;

8° Des reliques de St-Lœtus ;

9° Des reliques de Ste-Magdeleine ;

10° Des reliques de Ste-Jucundina ;

11° Des reliques de Ste-Marguerite ;

12° Des reliques de Ste-Speciosa ;

— La châsse de Ste-Anne, patronne d'Apt, au-dessus de laquelle est placé le buste de la Sainte, soutenu par quatre lions en bronze, ainsi que la châsse ;

Cette châsse renferme :

— Deux sacs scellés par Mgr de Mons, archevêque d'Avignon, lesquels contiennent une partie du crâne et de la mâchoire inférieure et divers autres ossements de Ste-Anne. Un de ces sacs est celui en toile blanche, dont nous avons parlé dans la première partie de cet Opuscule ;

— Une petite boîte velours olive renfermant des fragments des os de Ste-Anne ;

—Une boite en plomb, sur laquelle sont gravés ces mots: AUTHENTIQUES DES RELIQUES DE SAINTE-ANNE et dont ci-après il sera fait mention dans une description détaillée ;

— Les niches de la Rotonde pratiquées dans l'épaisseur des piliers qui soutiennent la coupole, sont occupées par les statues en pierre des quatre évangélistes ;

— Dans une armoire de la sacristie de la chapelle, au-dessus de la crédence, on garde une statue du St-Enfant Jésus, en bois doré et argenté, placée dans un berceau de bois de noyer bien orné. Cette statue était à l'oratoire de St-Elzéar et de Ste-Delphine devant laquelle ces deux Saints faisaient leurs prières trois fois par jour.

Extrait de l'inventaire du mobilier de l'église fait en octobre 1836, sauf certains objets acquis depuis.
(Livre des délibérations de la Fabrique second volume, folio 23).

— On possède aussi pour le service de l'autel de Ste-Anne, douze chandeliers en cuivre fondu, dont six et une croix sont du produit des quêtes et les six autres, avec des candélabres, une croix et divers autres ornements, ont été généreusement offerts, en dernier lieu, à la Sainte par les nobles dames qui ont bien voulu se charger du soin de la chapelle, ce qu'elles font avec autant de zèle que de piété ; plus encore, un fort beau tapis pour le sanctuaire présenté par quelques personnes jalouses de contribuer, elles aussi, à augmenter l'éclat du culte rendu à notre chère patronne. En outre, on voit dans le chancel deux lampes suspendues, en cuivre blanchi et deux petits tableaux avec cadres noirs dont le fond est doré ainsi que le sujet; ils représentent l'adoration des Rois et la sépulture de Notre-Seigneur et puis un grand lustre en cristal donné par M. le Préfet du département en 1829 ou 1830.

Comme dans ce qui précède, nous avons parlé, par incident, de St-Elzéar, nous dirons encore ici : (qu'on nous permette cette digression) que le buste qui le représentait était d'une ressemblance parfaite, un chef-d'œuvre d'orfévrerie et d'une très-grande richesse. Il fut béni avec la châsse qui contenait ses reliques, le 20 janvier 1420, par notre évêque Constantin Pergula. La reine Jeanne donna à cette intention mille florins d'or (1) en

(1) Ces mille florins d'or si libéralement offerts par la reine Jeanne avec tant de générosité. ainsi que les dons présentés par les États de Provence et les fidèles, furent employés en 1378 à un premier buste de St-Elzéar, mais ce buste n'étant pas très-ressemblant, on put, au moyen du legs fait pour cet objet par le roi Louis II, le refondre et en avoir un autre mieux fini et infiniment plus riche ; c'est celui dont il est question plus haut.

Par délibération du 29 janvier 1418, le conseil de la ville député auprès d'un ouvrier appelé *Joannes de Piedtamonti*, de la ville d'Aix, qui était alors en prison à Apt, pour traiter du prix de la châsse de St-Elzéar et délibéra, de concert avec le juge, de conduire, sous sauvegarde, ledit prisonnier à Ansouis pour la faire et l'y garder jusqu'à ce qu'elle fût faite. Cette châsse fut terminée en

1373; le roi Louis II fit un legs considérable par testament; les États-généraux de Provence offrirent des pièces d'argent ; Pierre, cardinal de Bourges, vingt-cinq florins; St-Pierre de Luxembourg fit présent d'un bras en vermeil, qui fut conservé, et les fidèles à l'envi donnèrent une fort grande quantité de bijoux. Ce trésor nous a été sacrilègement enlevé pendant la Révolution. Il était précieusement gardé dans la grande et belle église des Cordeliers de cette ville.

Pendant le siège d'Apt, en 1562, par le farouche baron des Adrets, les protestants, nous dit le père Borély, dans son Histoire de Ste-Delphine, brulèrent, au milieu de cette église, près de cent quintaux de cire en flambeaux ou en figures de grandeur naturelle et autres offrandes dont les fidèles avaient rempli la chapelle du Saint, et une bibliothèque de plus de deux mille volumes. On avait eu le temps de mettre en lieu de sûreté les châsses et les bustes.

A la suite de la nomenclature si importante que nous venons de donner des objets en or et en argent, et de la désignation des nombreuses reliques conservées dans la chapelle de Ste-Anne ; offerts par nos pères à leur illustre patronne, avec autant de piété que de munificence : nous ajouterons une liste des ornements et des tableaux qui étaient et qui y sont encore ; quant à ceux-ci, un témoignage

1420. Ledit Jean de Piedimonte fit alors quittance à noble Barthélemy Corage, trésorier d'Apt, du prix de la châsse, de 325 florins d'or et 10 sous de monnaie. (*Archives de l'Hôtel-de-Ville*).

non moins grand de leur profonde gratitude envers elle.

Le procès-verbal de la visite pastorale de Mgr de Gaillard, auquel nous avons eu recours déjà, sera, encore ici, notre guide; et en voyant ce qu'on possédait alors en ornements, on pourra facilement se faire une idée de ce qu'on devait avoir à l'époque désastreuse où le culte catholique fut banni de nos églises.

On conservait dans la sacristie de la chapelle de Ste-Anne, suivant l'inventaire du 12 mars 1673:

— Une chasuble en brocard à fleurs;

— Une chasuble de brocard en soie à fleurs d'or;

— Une chasuble de brocard en laine, avec la croix de satin et passement d'or;

— Une chasuble brocard à fond blanc, parsemée de fleurs d'or et passement d'or;

— Une chasuble en toile d'argent, avec passement d'or, aux armes de Mgr de Tulles, évêque d'Orange;

— Une chasuble d'un damas à fleurs, avec passement rouge et argent;

— Une chasuble satin blanc et rouge et passement argent;

— Une chasuble d'un brocard de Perse, rouge et aurore;

— Une chasuble d'un damas rouge, avec des passements or et argent;

— Une chasuble de satin à petites fleurs à fond blanc et passement or ;

— Une chasuble de satin rouge en broderies ;

— Une chasuble brocard violet, à passement d'argent ;

— Une chasuble brocard violet, avec les armes de Mgr de Villeneuve ;

— Une chasuble brocard violet, avec un passement d'argent ;

— Une chasuble brocard violet et passement d'or ;

— Une chasuble taffetas vert, à petites fleurs et broderies d'or ;

— Une chasuble damas vert, avec les orfrois et broderies d'or ;

— Une chasuble en tabis blanc et passement d'or ;

— Une chasuble de velours noir, avec des orfrois de satin blanc, aux armes du duc de Villars ;

— Une chasuble de velours noir toute en broderies de grand prix, plus deux dalmatiques ;

On conservait encore dans la même sacristie :

— Un rideau et les ornements des degrés de l'autel, en brocard violet ;

— Un rideau satin vert, avec les ornements des crédences en brocard vert ;

— Un rideau taffetas blanc et les degrés de tabis ;

— Un rideau et les degrés de damas rouge avec passement de soie ;

— Un rideau taffetas rouge et vert, avec les crédences de brocard à fond blanc ;

— Une écharpe en broderies d'or et une autre écharpe en broderies d'or aussi ;

— Un devant-d'autel de moire blanche et une dentelle d'argent ;

— Un devant-d'autel de brocard blanc, avec les armes de M. de Buoux ;

— Un devant-d'autel de brocard, à fleurs d'or à fond blanc et violet, avec des passements d'or ;

— Un devant-d'autel de damas cramoisi et passements d'or ;

— Un devant-d'autel de velours noir, avec une broderie d'or, aux armes de la maison de Simiane et de Savoie ;

— Un devant-d'autel brocard violet, à grandes fleurs ;

— Un devant-d'autel de satin rouge à fleurs ;

— Un devant-d'autel en étoffe de soie ;

— Un devant-d'autel d'étoffe de soie de différentes couleurs, barré à jour ;

— Un dais en velors rouge, avec le fond aussi en velours, passements et franges en or ;

— Six corporaliers fort beaux, de différentes couleurs, en broderies et pales de même ;

— Six corporaux en dentelles de Flandres fort beaux encore ;

— Quatre douzaines de purificatoires ;

— Un voile de satin violet à fleurs, doublé de brocard vert, avec une petite dentelle d'argent ;

— Un voile satin blanc, avec un Saint Esprit d'argent ;

— Un voile brocard violet à fleurs, avec une petite dentelle en or ;

— Un voile brocard d'or à fleurs, avec une petite dentelle d'argent ;

— Un voile taffetas vert, en broderies d'or ;

— Un voile damas vert, avec une petite dentelle d'argent ;

— Un voile en toile d'argent, à passement d'argent ;

— Un voile satin à fleurs fond blanc, ayant une dentelle d'argent ;

— Un voile brocard de soie sur canevas, avec une dentelle fort belle ;

— Un voile satin à fleurs rouges, en broderies d'or et une petite dentelle argent ;

— Un voile satin noir à petites fleurs, avec une dentelle argent ;

— Plus douze grands carreaux de velours cramoisi et seize petits de différentes couleurs.

DES TABLEAUX

Je louerai sans cesse votre nom et je le glorifierai dans mes actions de grâces, parce que vous avez exaucé mes prières.

(*Ecclésiastique, chap. XLI, v.* 15.)

Ces Tableaux ne sont pas indiqués ici par rang de date mais par la place qu'ils occupent.

Dans la chapelle de Ste-Anne et sous l'arceau de la Rotonde à gauche, on voit un fort beau tableau représentant la Ste-Vierge, avec le croissant de l'Immaculée Conception; elle vient, entourée d'anges, se réunir à une foule de bienheureux personnages assemblés pour honorer le tombeau de sa mère. St-Auspice est là tenant d'une main son pied, indiquant ainsi le genre de son martyre ; il atteste, surtout, par sa présence qu'il est le dépositaire du corps de Ste-Anne et que c'est à lui que la ville en est redevable (1). Ce tableau fut peint en 1617 par Le Long; quatre autres sont fixés aux pendentifs de la coupole, et le sujet en est pris de la vie de Ste-Ursule, vierge et martyre; ils sont remarquables aussi par la beauté de la peinture et du coloris.

Il y en a encore trois dans l'intérieur de l'église, dont deux ont été faits en l'honneur de Ste-Anne et le troisième lui a été offert; ils sont non moins précieux que ceux-ci; le plus beau est de Nicolas Mignard, un autre de Jean Darel, avec cette inscription : *inventor et faciebat Anno 1668*; c'est la Sainte famille et Ste-Anne dans les deux; le troisième est de l'école primitive grecque. St-Jean-Baptiste y est peint sur bois, à fond doré. Il fut apporté de l'isle de Rhodes à Malte, après la prise de cette ville par Soliman II en 1522, et de Malte à Apt par le Commandeur d'Astuaud de Bezaure ; on y lit en grec le nom de l'auteur; il a été estimé, dit-on, par des peintres distingués 3,000 francs. On le voyait avant la Révolution au-dessus de l'autel que la famille de Bezaure avait dans la chapelle

(1) D'autres croyent voir là l'Assomption, malgré l'immobilité de la Ste Vierge, son attitude et son regard qui ne sont pas ceux d'une personne s'élevant dans les airs. Notre cathédrale, on le sait, est sous le titre de ce mystère si glorieux pour Marie et si consolant pour nous. On sait encore que Ste-Anne et St-Auspice en sont les patrons; ainsi d'après cette hypothèse, ce tableau aurait été celui du maître-autel; mais dans ce cas, pourquoi ne pas trouver parmi cette nombreuse assistance St-Castor et St-Martian, eux aussi nos Patrons au même degré de hiérarchie que St-Auspice. Le croissant ne semble-t-il pas indiquer que la Ste-Vierge a voulu montrer par cet emblème qu'elle est ici pour honorer le corps sacré dans le sein duquel elle a été conçue sans la tâche originelle.

de Ste-Anne, sous l'arceau à droite. Vis-à-vis se trouvait une autre autel qu'un second Commandeur, Thomas de Millaud, avait fondé et où étaient ses armes et son tombeau.

— Ceux qui sont dans le sanctuaire et sur les panneaux des portes de la grande niche, quoique de petites dimensions, sont, par la beauté de la peinture, parfaitement en harmonie avec la beauté des ornements d'architecture prodigués sur ce bel édifice. On voit au bas de celui qui représente le martyre de St-Auspice, au-dessus de la porte latérale à gauche, les lettres V. F. G. A. l'autre vis-à-vis est du même auteur; ils ont tous trait à la vie de nos Saints Patrons.

— On conserve encore dans la sacristie de la chapelle, un grand nombre de tableaux votifs et quelques autres. Les murailles en sont toutes couvertes.

En les désignant on les décrira, un à un, le plus exactement possible :

— Au-dessus de la crédence on distingue particulièrement le beau tableau de l'Annonciation, peint en 1500 par Brozio. C'est une copie originale de celui qui est à *Sancta Maria Novella* de Florence, faite par l'auteur lui-même.

— A côté de celui-ci, est un tableau représentant les magistrats de la ville d'Apt, en costume officiel de l'époque : M. Légier, A. Bontemps et J. Perraud, adressant un vœu à Ste-Anne pour que la cité soit préservée de la peste, qui, en 1720, désola la Provence (1).

—A l'opposé,-vœu fait par la ville de Villeneuve-Saint-André, qui affligée de la peste, se voue à Ste-Anne le 25 août 1640. Ayant été délivrée, le vœu a été rendu dans son église, en cette ville d'Apt par MM. Jacques Salcon, Jacques Fabre et Michel Cadau, consuls modernes, en procession et en corps de ville, le 24 août 1665, En mémoire de quoi, ils ont laissé ce tableau qui représente une procession suivie des consuls en costume, cheminant vers une ville.

—A la suite --- tableau sans désignation, représentant un magistrat en prières devant Ste-Anne, l'enfant Jésus et sa mère; il tient dans la main un papier qu'il semble leur offrir.

— Vœu fait à la glorieuse Ste-Anne, par noble Honoré d'Autheffort, major du fort St-Salvador, lors du secours de Messine, conduit par le commandeur de Valbelle, le 2 janvier 1675. On voit là une escadre et Ste-Anne qui la prend sous sa protection;

— Tableau sans inscription encore; ce sont Ste-Anne et St-Joachim dans une posture suppliante, devant une statue de l'Immaculée Conception.

(1) Le jour de Ste-Anne les consuls vont, en chaperon, entendre la messe dans la chapelle et font une offrande d'un flambeau en cire blanche pesant trois livres, pour brûler dans la même chapelle ledit jour. C'est un vœu de la Communauté fait en exécution de la délibération prise le 26 septembre 1720 à l'occasion de la peste. La Communauté donne aussi dix livres aux marguilliers le même jour.

(*Archives de l'Hôtel-de-Ville*).

— Vœu fait et déposé par les pénitents bleus de la ville de Salon, en l'année 1664.

— *Ex-voto* : une femme en très-grand danger de mort, délivrée, 1649.

— *Ex-voto* : déposé par un malade en reconnaissance de ce que la santé lui a été rendue.

—*Ex-voto* : le père, la mère et un enfant à genoux, demandent à Ste-Anne la guérison d'une personne malade; grâce qu'elle daigne leur accorder.

—*Ex-voto* : toute une famille en prières devant Ste-Anne, la remerciant de la conservation d'un petit enfant au berceau, 1841.

—Au côté opposé,--*Ex-voto*, Madame des Beaumettes atteinte d'une maladie incurable, abandonnée de quatre médecins : MM. Giraud et Comier d'Amb. MM. Monier, d'Apt et Villeneuve, de Vaur, ayant ouï messe, fut guérie en 1642. On voit dans ce tableau l'autel de Ste-Anne, la niche et la chapelle, tels qu'ils étaient autrefois.

—*Ex-voto* : une dame religieuse adresse à Ste-Anne sa prière d'action de grâces pour la guérison d'une personne malade.

— *Ex-voto* : le 28 juillet 1810, jour où l'on célébrait à Apt la fête de Ste-Anne, au moment où l'on sonnait à grandes volées, une cloche se détache et par une protection de la Sainte, trois personnes : Jourdan, Pascal père et Pascal fils n'éprouvent aucun accident.

— La merveille de Dieu et le pouvoir qu'il a

donné à la glorieuse Ste-Anne, ont visiblement paru à la sortie du démon *Acaran* du corps de Mlle Dilly de Cadenet, exorcisée par un Père Recollet, le 2 février 1628. En reconnaissance, elle a laissé ce tableau.

— *Ex-voto* : une dame en prières devant Ste-Anne, la remerciant d'une grâce obtenue ;

— *Ex-voto* : de M. le Commandeur de Savoillans, 1630. La Ste-Vierge est là présentant son fils à Ste-Anne, sa mère, lequel parait très-attentif à la prière qu'on lui adresse dans un moment de cruelle détresse ;

— *Ex-voto* : 1759, un prêtre animé de la plus ardente piété implore à genoux Ste-Anne pour une personne que l'on voit atteinte dans son lit d'une grave maladie ; cette faveur reçue, on a déposé ce vœu, témoignage de reconnaissance ;

— Un homme entre les mains de quatre assassins, prêt à être frappé d'un sabre levé nu sur sa tête, invoque Ste-Anne et il est délivré ;

— Grand tableau avec armoiries, représentant une femme dans un désert, assise la main gauche appuyée sur son sein; elle est là toute absorbée par la prière, la tête entourée d'une auréole. Nous croyons que c'est Ste-Marie-Magdeleine ;

— *Ex-voto* 1753 : une famille tout entière s'adresse à Ste-Anne, lui demandant la guérison d'un malade couché dans un lit. Cette faveur accordée, elle a laissé ce tableau en actions de grâces ;

—*Ex-voto* : une dame à genoux implore Ste-Anne pour un malade qui recouvre la santé ;

— *Ex-voto* : 1727, un religieux solitaire remercie Ste-Anne d'une grâce obtenue. On le voit à genoux tout près de la chapelle de son ermitage ;

— Le 19 mars 1628, Marie d'Assimet se trouvant dans un danger évident de mort, M. Colombier, son mari, la voue à Ste-Anne, et faisant dire une messe à la sainte chapelle, lorsqu'on est à l'élévation du Saint-Sacrement, la dite dame est délivrée ;

— *Ex-voto* : guérison d'un malade, accordée, 1679 ;

—*Ex-voto* : une dame à genoux demande le rétablissement d'une personne malade et couchée. On voit dans le haut de ce tableau Ste-Anne, la Ste-Vierge et l'enfant Jésus qui cherche à se débarrasser des bras de sa mère afin d'accorder plus vîte la grâce désirée. Il y a encore là St-Joseph et un autre Saint ;

Ex-voto : une dame adresse sa prière d'action de grâces à Ste-Anne. Ce vœu a été laissé en l'année 1645 ;

—*Ex-voto* : Ste-Anne accorde aux prières d'une mère affligée le rétablissement de son fils, dont le nom était MATHIEU ;

— *Ex-voto : Pompeïus Bernardus, sacerdos sancti Saturnini, votum fecit et graciam accepit, 1677* ;

—*Ex-voto* : une dame demande à Ste-Anne la

conservation d'un enfant couché dans un berceau; exaucée dans sa prière, elle dépose ce tableau ;

— *Ex-voto* 1722 : toute une famille, le père, la mère et six enfants, remercient Ste-Anne, dans le plus profond recueillement, d'une grâce qu'ils en ont reçue ;

— *Ex-voto* : une femme adresse sa prière d'actions de grâces à Ste-Anne ;

— *Ex-voto* 1643 : un vaisseau sauvé dans une tempête par la protection de Ste-Anne ;

— *Ex-voto* : les magistrats et le Conseil général de la ville d'Apt offrent à Ste-Anne ce tableau pour servir de témoignage de ce que la cité avait été délivrée de la peste par son intercession, en l'année 1720. En effet, l'histoire nous apprend, que ce terrible fléau qui dépeupla la Provence tout entière et principalement Marseille, Avignon et Digne, ne fit que nous effleurer (1). La peinture en est belle, comparée surtout à celle des autres tableau votifs qui sont la plupart d'un travail peu soigné. Il est de M. Delpech, ainsi que le premier

(1) M. de St-Quentin de Remerville nous apprend, que de son temps, la population de la ville était de dix mille ames. Cet auteur a écrit son histoire quelques années avant la peste de 1720. Mais placée sous d'illustres protecteurs, dit Mgr de Foresta, ce fléau qui ravagea tant de pays en Provence, épargna le nôtre ; il n'enleva ici que 260 personnes. *Histoire d'Apt*, page 356. Ce sont donc d'autres causes qui depuis ont fait perdre à la cité, une notable partie de ses habitants, et aujourd'hui encore, leur nombre tend à décroître, non-seulement ici, mais aussi dans bien de petites localités. Cependant les forces vitales de l'état sont là et on doit voir avec douleur les grands centres attirer tout à eux. C'est ici une des plaies dont la profondeur et le caractère indiquent ordinairement la décadence et l'affaiblissement des sociétés.

dont nous avons parlé, qui est l'expression du vœu fait par la ville ;

— *Ex-voto* 1679 : un homme s'adresse à Ste-Anne, lui demandant la guérison de sa femme malade et lui montre un enfant au berceau afin d'obtenir plus facilement la grâce qui fait l'objet de sa prière ;

— Tableau représentant St-Jean-Baptiste dans son désert. Il est de la même grandeur et du même peintre que celui qui nous parait être de Ste-Magdeleine ; ils portent tous les deux les mêmes armoiries ;

— Deux tableaux, dont l'un du Sauveur du monde enfant et l'autre de la Ste-Vierge, sa mère ;

—*Ex-voto* 1740 : une femme et trois enfants en prières devant Ste-Anne ;

—*Ex-voto* 1758 : une femme offrant son enfant au maillot à Ste-Anne ;

—*Ex-voto* 1656 : un homme à genoux implore Ste-Anne pour un autre qui se laisse tomber d'un échafaudage fort élevé. Ce vœu est déposé en signe de reconnaissance ;

— *Ex-voto* : une dame et sa fille remercient Ste-Anne d'une grâce obtenue;

— *Ex-voto* : une dame et son fils en prières devant Ste-Anne ;

— *Ex-voto* : 20 mars 1816, madame Guillibert, reconnaissante, à Ste-Anne et à St-François de Sales ;

— *Ex-voto* : ce tableau représente plusieurs barques battues par une furieuse tempête et porte cette inscription F. I mère V. F. G. A PONTIO PILATO STRVBVLY et en tête *Spiaggia Romana* ;

— *Ex-voto* : vœu offert à Ste-Anne le premier mai de l'année 1841 par Marie Jean-Jean, en actions de grâces de ce qu'elle avait été préservée de tout accident fâcheux dans une très-dangereuse chute de cheval ;

— *Ex-voto* : vœu offert à Ste-Anne; il représente une escadre composée de 16 vaisseaux engagés dans une mer couverte d'écueils ; on y lit ces mots : *A. votum fecit, graciam accepit* ;

— *Ex-voto* 1722 : deux personnes, le mari et la femme adressent, avec la plus vive piété, leurs prières de remerciement à Ste-Anne ;

— *Ex-voto* : un vieillard et sa femme en prières devant Ste-Anne, leur offrant leurs actions de grâces pour un bienfait reçu ;

— *Ex-voto* 1722 : un seigneur, sa femme et son fils, invoquent l'appui de Ste-Anne, et déposent ce tableau à titre de reconnaissance ;

— *Ex-voto* : des pénitents violets de Manosque, 1661 ;

— *Ex-voto* : de la commune d'Ansouis, à St-Elzéar et Ste-Delphine, 1697 ;

— *Ex-voto* 1610 : une mère prie Ste-Anne pour son fils malade, avec une autre personne à genoux près du lit de l'enfant ; exaucée, elle a laissé ce tableau pour témoignage de la faveur qui lui est accordée ;

— *Ex-voto*: en mai 1653, Pierre Sapet, de la ville de Tarascon, étant atteint de fièvres continues, réduit sans espoir de santé, fut voué à Ste-Anne, par sa femme Marie Denty ; par l'intercession de laquelle il a reçu guérison : Dieu soit loué ;

— *Ex-voto*: ce sont là trois vaisseaux en mer que Ste-Anne prend sous sa protection ;

— *Ex-voto* : une dame et son fils en prières devant Ste-Anne, la remerciant d'une grâce qui leur est accordée, 1679 ;

— *Ex-voto* 1754 : une dame demande à Ste-Anne la guérison d'une personne qui est grièvement malade, grâce qui lui est accordée ;

— *Ex-voto* : Joseph-Mathieu Mervesin malade, implore le secours de Ste-Anne ; guéri et reconnaissant, il dépose ce tableau ;

— *Ex-voto* : le chanoine Méri dans une chute très-périlleuse, invoque Ste-Anne, qui le bénit ;

— *Ex-voto*: un homme à Saignon tombe du faîte d'un édifice, le jour de Ste-Anne de l'année 1656 ; protégé par la Sainte, il n'éprouve aucun accident. En mémoire de quoi, il a offert ce vœu ;

— Un homme descendant une rivière, sur une barque à voile, est sur le point de se laisser tomber dans l'eau ; sauvé de ce danger imminent il reconnait devoir son salut à Ste-Anne ; à titre de reconnaissance il laisse ce tableau qui retrace le péril dont il a été délivré. On voit là une chapelle de fort belle apparence;

— *Ex-voto* 1720 : trois personnes présentent leurs vœux à Ste-Anne et la remercient d'une grâce qui leur a été accordée ;

— *Ex-voto* 1687 : un homme à genoux rend grâce à Ste-Anne de la guérison de sa femme ; grâce qu'il avait vivement sollicitée ;

— *Ex-voto* : le père, la mère et cinq enfants à genoux, témoignent à Ste-Anne leur reconnaissance pour la santé rendue par son intercession à une personne malade ;

— *Ex-voto* : un navire en danger de faire naufrage, est sauvé par Ste-Anne ;

— *Ex-voto* : six personnes adressent à Ste-Anne leur prières d'actions de grâces pour un bienfait reçu ;

— *Ex-voto* : vœu rendu à Ste-Anne par une personne qui étant malade recouvre la santé en l'année 1738 ;

— *Ex-voto* : trois personnes en prières demandent à Ste-Anne le salut d'une quatrième qui vient de faire une chute fort grave ;

— *Ex-voto* 1779 : une femme malade et couchée invoque Ste-Anne, qui lui accorde l'objet de sa demande ;

— *Ex-voto* : un homme blessé à mort est sauvé, se recommandant à Ste-Anne ;

— *Ex-voto* 1669 : un homme en prières devant

Ste-Anne ; c'est là un acte de reconnaissance pour une grâce obtenue ;

— *Ex-voto* 1827 : ce tableau nous montre l'intérieur d'un appartement et tout près du lit d'un malade, une personne offrant à Ste-Anne sa prière d'actions de grâces pour la guérison qu'elle a bien voulu accorder à celle qui était le sujet de ses vœux ;

— *Ex-voto* 1747 : une femme prie Ste-Anne pour un malade qui recouvre la santé ;

— Vœu fait pendant une tempête ; ce tableau nous représente un vaisseau qui sur le point de faire naufrage est délivré de ce danger par la protection de Ste-Anne ;

— *Ex-voto* 1689 : un homme malade invoque Ste-Anne de sa couche de douleur ; guéri, il dépose ce vœu ;

— *Ex-voto* : le père, la mère et cinq enfants s'adressent à Ste-Anne, qui leur accorde le rétablissement d'une personne de la famille malade :

— *Ex-voto* : un homme à genoux adresse à Ste-Anne sa prière d'actions de grâces ;

— *Ex-voto* : offert par les pénitents blancs de La Tour-d'Aigues en 1664 ;

— *Ex-voto* : un homme malade demande à Ste-Anne sa guérison qu'il obtient ;

— *Ex-voto* : on voit là une barque assaillie par la tempête, et l'équipage, en butte aux attaques de quelques personnes portées sur le rivage, s'adresse dans ce pressant besoin, à Ste-Anne qui le couvre de sa protection ;

— *Ex-voto* 1740 : une personne percluc de ses membres, implore Ste-Anne, qui vient à son aide ;

— *Ex-voto* 1733 : vœu d'une confrérie de pénitents noirs ;

—*Ex-voto* : une dame, un cierge à la main, prie devant une image de Ste-Anne ; c'est un devoir de reconnaissance qu'elle remplit ;

— *Ex-voto* : un homme qui vient de recevoir un coup de feu s'adresse tout en sang à Ste-Anne en lui montrant une jeune fille qui parait également blessée. Il laisse ce tableau en actions de grâces ;

—*Ex-voto* 1704 : une femme à genoux adresse à Ste-Anne sa prière de reconnaissance pour une faveur accordée ;

— *Ex-voto* 1738 : c'est ici un vœu de remerciment qu'un homme présente à Ste-Anne ;

— *Ex-voto* : un vaisseau battu par la tempête est sauvé par la protection de Ste-Anne ;

— *Ex-voto* 1824 : un malade de son lit de douleur, invoque, dans cet état, l'appui de Ste-Anne : exaucé, il dépose ce tableau ;

— *Ex-voto* : dix personnes viennent présenter leur vœu à Ste-Anne et la remercient d'une grâce qui leur a été faite ;

— *Ex-voto* : une femme prie Ste-Anne pour

une personne malade qui est guérie par suite de cette prière ;

— *Ex-voto* : ce tableau représente une tempête furieuse ; il a été déposé à titre de reconnaissance ;

— *Ex-voto* 1642 : trois personnes qui semblent avoir été précipitées d'un rocher fort élevé, s'adressent dans leur chute à Ste-Anne, qui les exauce ;

— *Ex-voto* : plusieurs personnes à genoux invoquent Ste-Anne pour une malade qui revient en santé ;

— *Ex-voto* : une femme profondément affligée a recours à Ste-Anne, qui écoute ses vœux ;

— *Ex-voto* : quatre personnes de concert supplient Ste-Anne d'accorder la santé à un malade étendu sur un lit de douleur ; en action de grâces, elles offrent ce vœu ;

— *Ex-voto* 1738 : une femme prie Ste-Anne pour une personne dont l'état semble indiquer de bien vives douleurs ; exaucée, elle a voulu conserver le souvenir de ce bienfait en offrant ce petit tableau ;

— *Ex-voto* : les pénitents gris de la ville de Beaucaire viennent à Apt rendre leur vœu à Ste-Anne, le 21 avril 1613, Le tableau déposé porte cette inscription :

D. O. M.

Divæ et Annæ sacrum electi ex toto sodali-

tio supplicantium Bellocarensium sub titulo sacrorum Christi stigmatum cinericiis vestibus indutorum, ad beatam Annam Aptensium tutelarem patronam, pie, peregre et ex voto accedentes, D. D.

XI. KAL. MAIAS CIƆIƆCXIII

— Tableau de la fin du XIVe siècle représentant fidèlement, dit M. de Remerville, les obsèques de Ste-Delphine. Il est infiniment précieux sous les deux rapports historique et religieux (1);

— Sur les prie-Dieu *preparatio ad missam*, sont enchassées dans la boiserie deux belles peintures: Notre-Seigneur *Ecce-homo*, la Ste-Vierge *Mater dolorosa*;

— Il y a en outre, appendus à la voute de la sacristie deux petits vaisseaux avec leur agrès et un crocodile empaillé et sur la crédence un Christ en bronze doré et un miroir; le tout déposé et offert en mémoire de grâces obtenues par la protection de Ste-Anne;

— L'ancien autel de la Sainte, dans le fond de la nef de l'église à gauche, est orné de plusieurs médaillons d'une peinture très-appréciée.

Les tableaux votifs, dont nous venons de faire une sorte d'analyse, offerts à Ste-Anne comme gages d'amour et de reconnaissance, sont encore pour nous des témoins irréfragables de la piété vive et

(1) Pour plus de détails, voyez M. Rose, *Études historiques*, page 300.

ardente de nos pères envers cette grande Sainte. Ils semblent aussi nous encourager à imiter de si nobles dévouements, si nous voulons, à notre tour, éprouver les effets de son crédit auprès de son auguste fille.

Les grâces obtenues et que nous aurons lieu d'espérer alors, sont exprimées avec force dans les litanies composées en son honneur. Nous allons les transcrire plus loin.

APPENDICE.

A ces nombreuses marques de la foi des peuples envers Ste-Anne que nous venons d'exposer aux regards de tous, et du religieux empressement avec lequel on accourait ici pour honorer ses Saintes Reliques, nous apporterons un autre témoignage plus précieux encore : la voix sacrée de l'église. Aussi cette imposante autorité mettra le sceau à notre travail. Nous avons déjà enregistré, ou du moins indiqué les Bulles de plusieurs Papes et celles d'un grand nombre de Cardinaux confirmant cette croyance. Nous nous contenterons donc de transcrire ici les litanies, les oraisons, les légendes et les hymnes tirées des offices composés et célébrés à la gloire de la Sainte, où nous retrouvons notre tradition tout entière.

Cet extrait sera du rit ancien, du rit qui a été suivi et pratiqué dans cette église d'Apt pendant plusieurs siècles et auquel on a fait subir quelques légères modifications depuis trois ans seulement, pour l'adapter au nouveau *Propre* du diocèse d'Avignon, mais sans toucher en aucune manière à la partie traditionnelle; et c'est là, de la part de l'autorité supérieure, une nouvelle approbation et même une nouvelle sanction.

LITANIES

En l'honneur de Ste-ANNE.

Kyrie, eleison.
Christe, eleison.
Kyrie, eleison.
Christe, audi nos.
Christe, exaudi nos.
Pater de cœlis, Deus, miserere nobis.
Fili Redemptor mundi, Deus, miserere nobis.
Spiritus sancte, Deus, miserere nobis.
Sancta Trinitas, unus Deus, miserere nobis.
Sancta Maria, ora pro nobis.
Sancta Dei Genitrix,
Sancta Virgo virginum,
Sancta Anna,
Sancta Anna, sponsa Joachim,
Sancta Anna, mater Mariæ Virginis,
Sancta Anna, arca Noë,
Sancta Anna, arca fœderis Domini,
Sancta Anna, mons Oreb,
Sancta Anna, radix Jesse,
Sancta Anna, arbor bona,
Sancta Anna, vitis fructifera,
Sancta Anna, regali ex progenie orta,
Sancta Anna, lætitia Angelorum,
Sancta Anna, proles Patriarcharum,

Sancta Anna, oraculum Prophetarum, ora pro.
Sancta Anna, gloria Sanctorum et Sanctarum, ora pro nobis.
Sancta Anna, nubes clara,
Sancta Anna, nubes rorida,
Sancta Anna, nubes candida,
Sancta Anna, vas plenum gratiæ,
Sancta Anna, speculum obedientiæ,
Sancta Anna, speculum patientiæ,
Sancta Anna, speculum misericordiæ et devotionis,
Sancta Anna propugnaculum Ecclesiæ,
Sancta Anna, refugium peccatorum,
Sancta Anna, auxilium christianorum,
Sancta Anna, liberatio captivorum,
Sancta Anna, solatium conjugum,
Sancta Anna, mater viduarum,
Sancta Anna, matrona virginum,
Sancta Anna, portus salutis navigantium,
Sancta Anna, via peregrinorum,
Sancta Anna, medicina infirmorum,
Sancta Anna, sanitas languentium,
Sancta Anna, lumen cæcorum,
Sancta Anna, lingua mutorum,
Sancta Anna, auris surdorum,
Sancta Anna, consolatrix afflictorum,
Sancta Anna, auxiliatrix omnium ad te clamantium,
Sancta Anna, patrona Aptensium,

℣. Dilexit Dominus sanctam Annam;
℟. Et amator factus est formæ illius.

OREMUS.

DEUS, qui beatæ Annæ gratiam conferre dignatus es, ut Genitricis unigeniti Filii tui mater effici mereretur : concede propitius, ut cujus solemnia celebramus, ejus apud te patrociniis adjuvemur. Per eumdem Dominum, etc.

IN FESTO INVENTIONIS CORPORIS B. ANNÆ. *Duplex* I. *Classis. cum octavâ.*

Hoc offic. incipit à primis Vesp. in Dom. in Albis.

AD PRIMAS VESPERAS.

HYMNUS.

Obscuram tenebris, summe vetas Deus.
Mergi virgineum quæ peperit decus :
Quam præsaga fides abdidit impiis ,
Hanc genti retegis piæ.

Annæ tecta diù, pulvereo situ
Monstras ossa pio splendida lumine :
Ad cujus cineres curritur, et suus
Siccis est honor ossibus.

En cryptam celebras prodigio Deus ;
En cæco subitum restituis diem ,
Huic muto reseras vocis et organa
Annæ pignora qui vocat.

Clerus fausta sonat: rex jubet hospita
Ut sancti pateat capsula corporis:
Exultat pietas, poscit et æmulis
Cantus jungere cantibus.

Nobis, summa Trias, parce precantibus,
Annæ da meritis, sidera scandere:
Ut tandem liceat nos tibi perpetim
Gratum promere canticum. Amen.

Oratio. Isaï. 43.

Omnipotens sempiterne Deus qui sacrum Beatissimæ Annæ Genitricis unigeniti Filii tui Matris corpus fidelibus tuis revelare voluisti: da cordibus nostris dignam pro ejus mirabili inventione lætitiam; ut cujus corpus pio amore amplectimur, ejus precibus adjuvemur. Per eumdem Dominum.

Lectio iv.

Corpus Beatæ Annæ Genitricis Virginis Mariæ à primis christianis Aptam juliam speciali Dei providentiâ asportatum antiquâ traditione semper venerata est sancta Aptensis Ecclesia. Quod quidem sacrum pignus persecutionum et grassantium deindè bellorum tempore, in cryptâ subterraneâ oculis omninò imperviâ diligentissimè occultatum à Beato Auspicio mortuis qui locum noverant secreti consciis, per multa sæcula ignotum delituit; donec restitutâ post debellatos Saracenos provinciæ pace Carolus Rex circâ Festa paschalia Aptam ingressus, pollutam impio cultu Ecclesiam denuò consecrari curavit; ibi enim dùm ingenti procerum et populi concursu solemnia hæc peragerentur, et circum effusa plebs pro restitutis sacris laudes Deo lætabunda persolveret pia civitatis vota insperato favore prosequens absconditum hunc thesaurum manifesto miraculo Dominus reseravit.

℟. Ossa vestra quasi herba germinabunt, dicit Dominus: * Et cognoscetur manus Domini servis ejus. Alleluia. Alleluia.

℣. Cœci vident, claudi ambulant, leprosi mundantur; surdos fecit audire et mutos loqui. Et cognoscetur. *Isaï. 66. Math.* 11. *E. Marc.* 7.

Lectio v.

Sacris aderat eximio pietatis sensu spectabilis filius inclyti militis cujus hospitio Carolus utebatur, Joannes nomine adolescens quatuordecim annorum, cœcus, surdus et mutus à nativitate. Is attonito similis cœleste quoddam monitum auscutare aliquandiù visus est. Mox quà poterat manibus et pedibus increpitans monebat, ut apertis quibus fortè stabat gradibus terra altiùs effoderetur. Rei novitate perculsi omnes, imprimis religiosus Princeps miraculum veluti prœsagiens adolescentis votis obsecundari mandat. Quod dùm perficiumt ad sacellum subterraneum devenitur, in quo Beatus Auspicius Aptensium Apostolus plebem sibi commissam verbo et sacramentis pascere consueverat. Præibat Joannes cœcus viam indicans, gestuque monens ut ad eam quam signabat muri partem terra profundiùs aperiretur. Ibi verò oborta nova lux astantes circumfulsit. Apertâ enim inferiori cryptâ, ardentem antè obturatam fenestram lampadem, dùm omnes admirabundi suspiciunt, Rexque ipse et clerus, et proceres ad novum splendorem læti accurrunt; Ecce apertis continuò oculis, et auribus, expeditâ linguâ exclamat Joannes: in hâc fenestrâ est corpus Sanctæ Annæ Matris Sanctissimæ Deiparæ Virginis Mariæ.

℟. Nos vitâ vivimus tantùm, post mortem non erit tale nomen nostrum: mortuum prophetavit corpus ejus: * Fecit et mirabilia. Alleluia. Alleluia.

℣. Virtus de illo exibat, et sanabat omnes. Fecit et mirabilia.

Eccl. 48. Luc 6.

Lectio vi.

Stupore repleti omnes et extasi in eo quod Joanni contigerat fausta omnia acclamant. Intereà piissimus Rex recludi fenestram jubet. Apparet tanto miraculo testatum sacrum pignus capsâ cupressinâ inclusum, pretiosa sindone obvolutum, et hac inscriptione manifestum: *Hìc est corpus Beatæ Annæ Matris Virginis Mariæ.* Apertâ capsâ suavissimus odor in utramque cryptam ad miraculi confirmationem manavit. Tùm verò gaudio gestire omnes et præcinente Pontifice et Clero, Deo auctori hujus sacræ inventionis gratias agere, qui venerandum Aviæ Christi corpus ad Urbis Aptensis tutelam et præsidium manifestaverat. Quæ omnia ut gesta sunt scriptis mandari præcepit Carolus, et ad summum Pontificem referri à quo et dato diplomate fuerunt approbata.

℟. Cum deferrentur super languidos à corpore ejus sudaria : * Recedebant ab eis languores. † Alleluia. Alleluia.

℣. Quis similis tui, Domine, magnificus in sanctitate, faciens mirabilia ? Extendisti manum tuam : * Recedebant. Gloria Patri. † Alleluia.

AD LAUDES.

Hymnus.

Dum thure, dum piis tua,
Aptæ patrona, ritibus
Coluntur ossa, supplicum
Ades, benigna, vocibus.

Non illa, quamquam sæculis
Ignota septem, luteo
Antri quiescant tegmine,
Divina virtus deserit.

Telis rubentem flammeis
Ultoris exarmant manum :
Ægris medentur : noxios
Torquent, fugant que dæmones.

Beata Mater Virginis
Salvator ex quâ prodiit
Precare, sanctam degener
Ne vita deturpet fidem.

Da, Christe, nos tecum mori,
Tecum simul da surgere :
Terrena da contemnere :
Amare da cœlestia.

Sit laus Patri, laus Filio
Qui nos triumphata nece ,
Ad astra secum dux vocat.
Compar tibi laus, Spiritus. Amen.

℣, Annunciate inter gentes gloriam ejus. Alleluia.

℟. In omnibus populis mirabilia ejus. Alleluia.

Psalm. 95.

AD BENEDICTUS.

Oratio.

Omnipotens sempiterne Deus, qui sacrum Beatissimæ Annæ genitricis unigeniti Filii tui Matris corpus fidelibus tuis revelare voluisti; Da cordibus nostris dignam pro ejus mirabili inventione lætitiam; ut cujus corpus pio amore amplectimur, ejus precibus adjuvemur. Per eumdem Dominum.

AD II VESPERAS.

CAPITULUM. *Prov. 8.— Beatus homo qui me invenerit, inveniet vitam, et hauriet salutem a domino.*

Hymnus.

Festis læta sonent æthera cantibus.
Dignas terra Deo solvite gratias ;
Aptæ ne pereant, sacra Deiparæ
Matris pignora credidit.

Sunt hæc plena Deo ; currite civitas :
Hìc spes, nostra salus ; hìc fidei vigor ;
Hìc fulmen Dominus ponit, et integrat
Vitam funeris in sinu.

Hìc Regina vovet se pia ; vividum
Flexis poplitibus præsidium petit ;
Divos antè pedes aurea procidens
Deponit diademata.

Tutum subsidium, supplicibus cliens
Has dùm reliquias plebs colit osculis :
Hostis dejicitur ; diffugient mala ;
Ex ipsis bona defluunt.

Hìc quot prodigiis se Deus asserit !
Hìc surdi patulis auribus audiunt.
Cæcis hìc sua lux redditur, et suus
Contractis vigor artubus.

Nobis, summa Trias, parce precantibus,

Annæ da meritis Sidera scandere
Ut tandem liceat nos tibi perpetim
Gratum promere canticum. Amen.

DIE IV MAII.

IN FESTO TRANSLATIONIS VENERANDI CORPORIS BEATISSIMÆ ANNÆ. *Duplex.*

AD VESPERAS.

Ant. Benedicta es tu. *Cum reliquis de laudibus.* Psalm. *ut in officio parvo B. V. M.*

CAPITULUM. *Judith 13.*

Benedictus Dominus : quia hodiè nomen tuum ità magnificavit, ut non recedat laus tua de ore hominum, qui memores fuerint virtutis Domini in æternum.

HYMNUS.

Festis læta sonent æthera cantibus :
Dignas terra Deo solvite gratias :
Aptæ ne pereant, sacra Deiparæ
Matris pignora credidit. etc.

Ad Magnificat.

Ant. Domine statuisti ut transferrentur ossa patrum nostrorum de loco suo ; et posuisti templum in quo invocatum est nomen tuum ; et fecisti Deus noster secundum omnem bonitatem tuam. Alleluia. *Baruch*. 2.

Oratio.

Omnipotens et misericors Deus, qui hoc Templum sacris Beatissimæ Annæ Genitricis gloriosissimæ Virginis Mariæ ditasti pignoribus, exaudi preces populi tui, et præsta : ut omnes, qui hùc beneficia petituri conveniunt, Matris et Filiæ intercedentibus meritis, cuncta se impetrasse lætentur. Per Dominum.

AD MATUTINUM.

Lectio iv.

Corpus Beatæ Annæ post gloriosam ejus inventionem è cryptâ in quâ tandiù latuerat, facilis et liberi aditùs sacello collocatum summæ omnibus ubiquè locorum christianis venerationi esse cæpit. Tanta siquidem ad sacra ejus ossa effulgebat gratia curationum ut clarissimum Annæ nomen non solum Provinciam, vicinasque regiones, sed totum Galliæ Regnum, adeòquè universam Europam brevi temporis intervallo pervaserit, ipsaque Aptensis Civitas non tam inclyto Julii Cæsaris nomine, quam pretiosis Annæ exuviis nobilitata ubiquè terrarum celebraretur. Fugatos dæmones, mortuos suscitatos, ægros innumeros ab omni infirmitatum genere liberatos testantur ætatum omnium monumenta.

℟. Custodiet Dominus Deus pactum tibi : * Et misericordiam quam juravit patribus tuis : benedicetque fructui ventris tui. Alleluia.

℣. Invenisti gratiam apud Deum. Et misericordiam.

Deut. 7. Luc. 1.

Lectio v.

Cum autem præsens in quavis corporis, et animœ necessitate Beatæ Annæ auxilium perpetuis temporibus manifestarent non obscura divinarum signa virtutum, ac proindè ingens continuò fieret ex totâ Galliâ, finitimisque regnis ad sacra ejus pignora peregrinorum concursus ; ut affluentis populi studio satisfieret; visum est Aptensibus à Calviniano furore jam securis novum , illudque amplum et facillimi aditûs sacellum in honorem Beatissimœ Annæ ad latus Cathedralis Basilicœ œdificare. Quod ut magnificentiùs perficeretur , Augusta Gallicœ Regina Anna Austriaca , cum Aptam juliam voti solvendi causâ, quod pro impetrato Filio Ludovico decimo quarto voverat ad venerandas Beatœ Annœ reliquias venisset, ingentibus denariis maximè promovit.

℟. Possidebit semen tuum portas inimicorum suorum, et * Benedicentur in semine tuo omnes gentes terræ. Alleluia.

℣. Recordatus Deus misericordiæ suæ, sicut locutus est ad patres nostros. Benedicentur.

Genes. 22. Luc. 1.

Lectio vi.

Perfectâ igitur fabricâ corpus Beatæ Annæ è sacello ubi hactenùs repositum fuerat, solemniori pompâ eductum in novam hanc Basilicam summâ omnium ordinum exultatione translatum anno millesimo sexcentesimo sexagesimo quarto, ubi eximiâ Aptensium pietate, perpetuisque confluentium peregrinorum votis honorificentissimè colitur. Atque illud quidem Beatissimæ Christi Aviæ corpus honore prœcipuo venerabile in ornatissimo sacello conditum loco quidem affert venerabilem sanctimoniam; nec minùs qui eò loci conveniunt efficit sanctiores. Capsulœ enim aspectus in animam invadens illam percellit, et exsuscitat, ac proìndè afficit quasi præsens ipsa Anna cernatur. Idcircò sœpè eam invisamus, capsulam attingamus magnâque fide reliquias ejus complectamur ut indè benedictionem aliquam assequamur.

℟. Benedicta tu à Deo tuo, quoniam in omni gente, quæ audierit nomen tuum: * Magnificabitur super te Deus Israël. Alleluia.

℣. Fecit magna qui potens est; fecit potentiam in brachio suo. Magnificabitur. Gloria Patri. Magnificabitur.

DIE XXVI JULII.

SOLEMNITAS SANCTÆ ANNÆ MATRIS BEATÆ MARIÆ VIRGINIS,

Urbis et Diœcesis Patronæ. Duplex primæ Classis.

AD I VESPERAS.

Ant. Benedicta es tu, *ut ad laudes.*
Psal. ut in parvo offic. B. M. V.

CAPITULUM. *Isai.* 55.

Inclinate aurem vestram, et venite ad me: audite, et vivet anima vestra et feriam vobiscum pactum sempiternum, misericordias David fideles.

HYMNUS.

Exultet Apta gaudiis:
Tutamen Urbis et decus,
Almæ parentem Virginis
Sacris celebret laudibus.

Regum piorum sanguini,
Jungens sacerdotes avos
Illustris Anna splendidis;
Vincit genus virtutibus.

Cælo favente contrahit,
Thori fidelis vinculum;
Sinuque casto concipit
Perenne sidus Virginum.

Fæcunda radix pullulans,

Florem tenellum proferet ;
Qui lætus optato dabit
Fructum salutis germine.

Sit laus Patri, sit Filio
Tibique Sancte Spiritus :
Annæ pias da per preces
Beata nobis gaudia. AMEN.

Oratio.

Deus qui Beatæ ANNÆ gratiam conferre dignatus es ut genitricis unigeniti Filii tui Mater effici mereretur : Concede propitiùs, ut cujus solemnia celebramus, ejus apud te patrociniis adjuvemur. Per eumdem Dominum.

OFFICIUM BEATISSIMÆ ANNÆ

per annum. *Semiduplex.*

HYMNUS.

Aptenses populi, plaudite : dulcia
Patronæ memores cantica promite ;
Insignem meritis dicite fæminam ,
Annæ dicite gloriam.

Regum progenies, Isacidum decus ,
Quæ laus Anna tibi ? quam Deus eligit ,
Ut fausto parias omine virginem
Quæ terris pariet Deum .

Fortunata parens Anna Deiparæ,
Plebis vota libens excipe supplicis:
Et cujus peperit Filia Filium,
Nobis concilia patrem.

Sit laus summa patri, summaque filio;
Sit Sancto parilis gloria Flamini:
Patronæ precibus sit Deus omnia
Nobis semper in omnibus. Amen.

Oratio.

Deus, qui gloriosissimam genitricis Filii tui Matrem innumeris gratiæ donis decorasti: fac nos, quæsumus, intercessione Matris et filiæ, ea percipere virtutum incrementa, quibus decenter ornati, jugiter tibi placeamus. Per eumdem Dominum.

Hymnus.

Alma quam supplex veneratur orbis
Anna jam cælum tenet, et coruscâ
Assidens natæ super astra fulget
Cincta coronâ.

Quam potens! cujus veniens ad ædem
Dexterum sentit sibi quisque numen,
Et domum semper redit impetrato
Munere lætus.

Hic nurus castæ, viduæque matres
Virgines, sponsæ, juvenes, senesque,
Omnis et sexus reperit patronam
Omnis et ætas.

Indè concursus, via fervet omnis !
Æmulo certet studio venire
Prisca visentum monumenta divæ
Turba clientum.

Sit patri, sit laus genito, sit almo
Flamini, sit laus tribus una semper
Et tibi cunctis, Deus unus, æqua
Gloria sæclis.

℣. Magna est gloria ejus,
℟. In salutari tuo domine, *Ps. 20.*

INDULGENCES.[1]

Par le Rescrit de la sainte Congrégation des Indulgences, du 10 janvier 1815, le Souverain Pontife PIE VII accorde à perpétuité 100 jours d'indulgences à tous les fidèles, chaque fois que, contrits au moins de cœur, ils réciteront dévotement l'Oraison suivante, et une indulgence plénière le 26 juillet, jour de la fête de la Sainte, à ceux qui l'ayant récitée au moins dix fois par mois, prieraient suivant l'intention de Sa Sainteté après que vraiment répentants ils se seraient confessés, auraient communié et visiteraient, en outre, ce jour-là, une église.

ORAISON.

Ave gratiâ plena, Dominus tecum; tua gratia sit mecum; Benedicta tu in mulieribus, et bene-

(1) On conservait autrefois dans les Archives du Chapitre, les bulles de plusieurs Papes et celles de plusieurs Cardinaux, accordant des indulgences très-étendues aux fidèles de l'un et l'autre sexe qui viendraient à Apt visiter, avec les dispositions requises, les reliques de Ste-Anne et qui contribueraient à la décoration de la Sainte Chapelle. Ces titres, si précieux pour cette église, ont disparu dans la tourmente révolutionnaire; nous allons nous mettre à la recherche des originaux, s'ils existent encore et si nous parvenons à les découvrir, nous ferons en sorte d'en obtenir des copies que nous publierons un jour. Nous ne pouvons mentionner, en attendant, que les indulgences actuellement connues.

dicta sit sancta Anna mater tua, ex qua sinè macula et peccato processisti, Virgo Maria ; ex te autem natus est Jesus Christus Filius Dei vivi. AMEN.

La même Oraison en français.

Je vous salue, pleine de grâce, le Seigneur est avec vous ; que votre grâce soit avec moi ; soyez bénie entre toutes les femmes, et bénie soit Ste-Anne votre Mère, de laquelle vous êtes née, ô Vierge Marie, sans tâche ni péché, et de vous est né Jésus-Christ le Fils du Dieu vivant.

Ainsi soit-il.

Alexandre VI, l'auteur de cette prière, y avait attaché aussi des indulgences par un bref spécial de l'année 1494.

Dans le but d'exciter la dévotion des fidèles envers notre glorieuse Patronne, un moment ralentie par les guerres de religion, Clément VIII accorda en 1601 dix années d'indulgences à ceux qui viendraient à Apt le jour de l'Octave de Pâques visiter ses Reliques avec les dispositions indiquées cidessus; de là, il en est résulté notre foire de Quasimodo, une des plus importantes de l'année.

Bref du Cardinal Caprara.

Nos Joannes Baptista, tituli sancti Honuphrii, S. R. E presbyter cardinalis CAPRARA archiepiscopus medionalensis, SS. DD. nostri Pii papæ VII, et sanctæ sedis apostolicæ ad francorum imperatorem, Italiæ regem a latere legatus.

Ad augendam fidelium religionem et animarum salutem cælestibus Ecclesiæ thesauris intenti, de speciali et expressâ apostolicâ auctoritate à SS^{mo} D^{o} N^{ro} Pio papa VII° nobis benignè concessâ : omnibus et singulis utriusque sexus Christi fidelibus verè penitentibus et confessis ac sacrâ communione refectis qui, parochialem Ecclesiam civitatis Aptensis, Avenionensis diœcescos in festo Sanctæ Annæ deiparæ virginis matris si incidat in dominicam sin minus in dominicâ proximè sequenti, et in aliis duabus festivitatibus, ab ordinario designandis, quæ si non fuerint ex conservatis, si incidant pariter in Dominicam, sin minùs in dominica proximè sequenti, à primis vesperis, usque ad occasum solis dierum hujus modi, singulis annis devote visitaverint, ibique pro felici statu sanctæ matris Ecclesiæ ac justa mentem sanctitatis suæ pias ad Deum preces effuderint, quo die prœfatorum id egerint, plenariam indulgentiam de thesauro Ecclesiæ, ad septennium tantùm misericorditer in domino concedimus. Volumus autem ut si aliàs universis Christi fidelibus in quocumque alio anni die dictam ecclesiam visitantibus, alia plenaria indulgentia ad perpetuum vel ad tempus nondùm elapsum duratura, concessa fuerit, præsentes nullæ sint.—Datum Parisiis ex ædibus residentiæ nostræ, die 10mo octobris 1807.

Ainsi signé

J : B : Card : Légat

Exequantur et publicentur juxtâ tenorem, Avenione hâc die 25 martii 1808; Bonneau prepositus ac vicarius generalis diœcesis Avenionensis.

RÉCAPITULATION

OU

REVUE GÉNÉRALE.

Nous touchons au terme que nous nous étions proposé ; mais avant de terminer, nous avons jugé à propos de donner un exposé sommaire de tout ce que nous avons dit précédemment des Reliques de Ste-Anne et de la dévotion dont elles ont été et continuent d'être l'objet, afin que le lecteur puisse embrasser d'un seul coup-d'œil et à peu de frais les points principaux sur lesquels nous nous sommes appuyé, s'en former une idée en gros et en conserver ainsi plus facilement le souvenir. De plus, ceci va nous procurer le moyen de relater, encore, quelques faits qui nous avaient échappés dans notre premier travail et d'en rectifier d'autres qui, par inadvertance, pourraient manquer de justesse.

La ville d'Apt, dépositaire du corps de Ste-Anne, la mère de la mère de Dieu, depuis la fin du premier siècle de l'église (1), veilla toujours avec le

(1) Tous les auteurs Aptésiens et plusieurs autres. Les Reliques de Ste-Anne furent apportées d'Orient par les premiers chrétiens qui vinrent prêcher l'Évangile en Provence.

plus grand intérêt et la plus ardente sollicitude à la conservation intégrale du dépôt. Elle en connut en tout temps le prix et la valeur, et en tout temps aussi, elle s'est appliquée à consigner dans ses annales, pour en transmettre la mémoire à la postérité, les abondantes bénédictions qu'un pareil trésor avait attirées sur elle dans les conjonctures les plus délicates ; montrant par là aux générations à venir, ce qu'elles auraient lieu d'en attendre en semblables occurences.

Placées, au commencement du cinquième siècle, dans un antre, *antrum antiquum*, au-dessous de la crypte, *sepulcra sanctorum* (1) que St-Castor

(1) Les deux cryptes sont ainsi désignées dans des titres du 9me siècle. Cependant, tout démontre que la plus grande est un édifice de l'évêque Alphant, avec l'escalier arrivant, en contournant le pilier, dans la nef de l'église à droite, au bas des grandes marches de la chapelle du *Corpus Domini*. Sur le linteau de la porte, à l'extrémité inférieure de cet escalier, on trouve les lettres :

et sur le périmètre de la galerie formant le petit sanctuaire de ce joli monument cette inscription : AHNC CRIPTAM. SCAM. SAC.

Sous les arceaux pratiqués dans le mur semi-circulaire sont six tombeaux renfermant les ossements de plusieurs Saints martyrs et confesseurs des premiers siècles de l'église.

M. Boze, *Histoire de la ville et de l'église d'Apt*, *pages* 363 *et* 418. *M. de Remerville*, *histoire ecclésiastique de la ville d'Apt*, *en manuscrit*, livre IV.

Suivant quelques auteurs, Alphant aurait fait élever cette grotte sur les ruines de celle de St-Castor, ce que nous avons admis, trouvant là tous les indices de la vérité. Néanmoins, ce n'est pas le senti-

fit construire et sur laquelle il éleva sa cathédrale, les Saintes Reliques y restèrent soigneusement cachées sous les invasions des Visigoths (422) et des Bourguignons (476), mais avec de bien plus grandes précautions, lors des irruptions des Lombards, des Saxons (574) et des Sarrasins ensuite, peuples qui, tous et tour à tour, portèrent, les trois derniers principalement, la désolation et la mort dans notre infortunée patrie. Oubliées tout à fait, pendant et à raison de ces effroyables calamités, elles furent miraculeusement découvertes le 17 avril de l'an 776 (1), en présence de Charlemagne et de sa cour. Dès lors, ce tombeau, inconnu naguère, fut pour la cité une cause incessante de faveurs, soit spirituelles, soit temporelles, et un but de pélérinage pour les peuples d'alentour, lequel dut être alors d'autant plus fréquenté, que par ses victoires et sous le sceptre de ce magnifique

ment de M. de Remerville qui n'en reconnait qu'une et qui rapporte ces mots *antrum antiquum, sepulcra sanctorum* à un seul et même objet, devenu, d'après la version de cet historien, crypte inférieure depuis huit cents ans, mais depuis quatorze cent cinquante, suivant celle que nous avons suivie. Voyez dans le livre d'offices propre à notre église : *in festo inventionis corporis Beatæ Annæ*, lectio V, lectio VI.

Cette dernière grotte justifie pleinement le nom qu'elle porte : *antrum antiquum*, offrant tous les caractères de la plus haute antiquité. Nous la croyons un reste de l'Amphithéâtre ; elle est longue, étroite, basse, la voûte couverte en pierres plates avec inscriptions en lettres barbares entourées d'ornements. On ne peut la parcourir que dans une posture gênante. Le tombeau où le corps de Ste-Anne a reposé jusqu'en 1392 est à droite dans l'épaisseur du mur, à deux coudées (un mètre) du sol. Au huitième siècle on trouva dans le fond les Reliques de St-Auspice.

(1) M. Rose, *Études historiques* ; voyez à la fin de l'ouvrage : *Dissertation sur l'invention des Reliques de Ste-Anne*.

et puissant monarque, la Provence jouit enfin de la paix, de cette paix bienfaisante dont elle sentait vivement la nécessité et après laquelle on soupirait déjà depuis de longues années.

Malheureusement, cet état de tranquillité ne présentait pas tous les caractères désirables de durée. En effet, les Sarrasins, quoique plusieurs fois vaincus, se montraient dans le lointain très-redoutables encore. Ils avaient été domptés, mais non subjugués ; ils ne le furent complétement que deux cents après, en 973 (1) et puis survinrent les guerres intestines, qui désolèrent, elles aussi, nos belles contrées avec non moins de fureur que ne venaient de le faire ces essaims de barbares. Tant et de si longs désastres ne permirent, non-seulement pas de rendre toujours à ces sacrés ossements l'honneur qui leur était dû, mais encore, à cause de ce, on les laissa dans leur tombeau sans aucune vénération (2).

Néanmoins, dans ces temps de si cruelles angoisses, on voit parfois à travers des intervalles moins sombres, la dévotion à Ste-Anne apparaître, comme un phare lumineux au sein de la tempête.

(1) Papon, *Histoire de Provence*, tome II, pages 170 et 171.

Les Sarrasins firent souffrir des maux infinis à la contrée pendant deux siècles et demi. Nous ne notons ici que les dernières années 890, pages 144 et 146 de la même histoire ; 924, page 153 ; 942, page 165 ; 973, page 172 ; 1044, page 187 ; les guerres intestines dans ce siècle dépeuplèrent le pays.

En 859 les barbares ruinèrent une seconde fois le pays et démolirent l'église, sauf la nef de droite.

(2) Manuscrits de M. de Remerville : *Histoire ecclésiastique de la ville d'Apt, épiscopat de Raymond IV Bot,* livre IV, *Dissertation sur les Reliques de Ste-Anne,* chap. X.

Ainsi au milieu du 13me siècle nous trouvons les évêques de la province employer ces reliques à la consécration des autels (1); Raymond Ollier venir de Paris à Apt, lui exprimer ici, dans son propre sanctuaire, sa reconnaissance pour une grâce accordée à sa famille (2); les papes Benoit XII en 1338 et Innocent VI, donner des bulles qui consacrent la légitimité de cette dévotion et l'enrichissent de précieuses indulgences. Le premier règle encore l'ordre à garder dans les offrandes adressées à la Sainte et l'emploi qui doit en être fait.

Voilà des titres certains qui nous éclairent dans notre marche et qui sont avec beaucoup d'autres que nous nous dispensons de reproduire, autant de témoins de la foi et du dévouement de nos pères envers cette glorieuse Sainte. Mais de grandes faveurs, des prodiges obtenus par sa toute puissante intercession en 1365 et surtout en 1373, après un vœu solennel des magistrats de la ville, (3) portèrent les fidèles à recourir à elle dans toutes leurs nécessités. Ainsi on peut dire, observe M. de Remerville, qu'alors, alors seulement commença la grande dévotion aux Saintes Reliques, et c'est pour cela, ajoute-t-il, qu'il n'en est point parlé dans le Concile national de Pro-

(1) Archives de la Chartreuse de Montrieux.

(2) Raymond Ollier vint à Apt en 1256. Son père Perrin Ollier fait à Ste-Anne un legs considérable par son testament de l'année 1264.

(3) Archives de l'Hôtel-de-Ville. A cette année 1373 et au 22 octobre on trouve dans un vieux missel une messe pour la peste, composée par notre évêque Raymond IV Bot ; c'est la même qu'on a ajoutée au missel romain: *pro vitanda mortalitate pestis.*

vence tenu dans notre cathédrale en mai (du 4 au 14), (1365), ni dans les statuts du Chapitre publiés sept ans plus tard (1). Et puis des jours plus calmes succédant enfin à ces siècles si agités dont nous venons de parler, on put alors retirer librement les précieux restes du souterrain où ils étaient restés beaucoup trop longtemps délaissés (2). Cette translation (3) eut lieu avec la plus grande pompe, selon toutes les apparences, en 1392, le dimanche de l'Octave de Pâques, qui cette année là tombait le 21 avril (4). Elle est ainsi marquée dans un bréviaire manuscrit du 14me siècle : *Translatio Sanctæ Annæ matris Beatæ Mariæ Virginis celebratur in octavâ resurrectionis Domini*. Dès ce temps aussi on n'offrit plus le saint sacrifice de la messe dans la crypte, que deux fois l'année, les jours de St-Sébastien pour l'hiver et de St-Barthélemy pour l'été (5).

Comme on le voit, la fête de la Translation des Saintes Reliques se confondait avec celle de leur invention, lorsque celle-ci eut été fixée à ce même dimanche après Pâques, ce qui dut être réglé de cette manière par l'évêque Nicolaï, guidé en cela

(1) M. de Remerville, *Histoire ecclésiastique de la ville d'Apt, épiscopat de Raymond IV Bot, livre IV*.

(2) M. de Remerville, *Dissertation sur les Reliques de Ste-Anne*, ch. X. *Histoire ecclésiastique, livre IV. Ouvrages inédits.*

(3) M. de Remerville : *Dissertation sur les Reliques de Ste-Anne, chap. V.*

(4) Et non le 18 avril comme nous le disons à la page 28 de la première partie de l'opuscule.

(5) M. Boze, *Histoire de l'église d'Apt*, page 419.

par la tradition seulement (1). De fait, elle ne paraît portée à cette date dans aucun breviaire antérieur à celui que ce prélat fit imprimer en 1532, où l'on inséra l'office que Jean de Romà (2) composa tout exprès pour cette fête, qui devint par là plus importante. Mais sa principale célébrité elle la doit aux indulgences que Clément VIII y attacha en 1601 ; ce qui rendit l'affluence des fidèles telle, qu'il en est résulté dans la suite une de nos plus belles foires. La première solennité fut alors renvoyée au 4 mai, le plus près possible du jour où l'on était dans l'usage de la célébrer, de sorte, cependant, que les deux ne pussent plus se rencontrer, ce qui serait arrivé, si on avait pris le 2 de ce mois au lieu du 4. On sait que le 3 est consacré à honorer la croix de Notre-Seigneur (3).

Les Saints ossements sortis donc de la crypte en 1392, furent déposés dans une chapelle, ou grande niche à côté du chœur des Chanoines (4) et en 1424 dans une autre chapelle, bâtie par Louise de Beauvau, baronne de Sault (5), sur l'emplacement qu'occupe aujourd'hui la grande

(1) M. de Remerville, *Dissertation sur les Reliques de Ste-Anne*, *chap. V et X.* Il est probable que l'on avait choisi ce dimanche pour rendre la translation plus solennelle ; de là coincidence des deux fêtes.

(2) M. Boze, *Histoire de l'église d'Apt*, page 284.

(3) C'est à tort que nous disons à la page 29 de l'ouvrage que la fête de la translation fut fixée au 4 mai dès l'an 1392.

(4) M. de Remerville, *Dissertation sur les Reliques de Ste-Anne*, *chap. V*, et non à l'endroit où trente deux ans après Louise de Beauvau fit élever sa chapelle, ainsi qu'il est dit page 28.

(5) M. de Remerville, *Dissertation sur les Reliques de Ste-Anne*, *ch. X.*

sacristie où l'on aperçoit, dans les combles, des vestiges qui indiquent dans quel ordre elle était. Elles y restèrent jusqu'en 1664 (1) qu'elles furent de nouveau transférées, avec le même appareil que la première fois et solennellement placées dans le somptueux édifice (2) où elles sont encore, devenu bien plus somptueux depuis, par les marbres, les dorures et les tableaux dont il a été embelli il y a quelques années seulement, et surtout par la magnificence des dons que la piété reconnaissante y avait précédemment accumulés (3). Hélas! toutes ces dernières richesses ont été la proie de la révolution ; mais que d'éternelles actions de grâces en soient, à jamais, rendues à Dieu ! Les Reliques, le plus précieux de tous les trésors, furent respectées (4) et sont actuellement, comme elles étaient avant cette lamentable époque, le sujet et l'objet de notre profonde vénération ; reposant toujours dans la même niche que jadis, entourées des mêmes ornements, mais de ceux qui ne renferment aucune valeur intrinsèque.

Ce temple auguste que nos pères firent élever en l'honneur de Ste-Anne, de St-Auspice, de St-Castor et de St-Martian, tous, nos bienheureux patrons, le plus beau monument de la ville, sans

(1) *Lectio IV in festo Translationis venerandi corporis Beatissimæ Annæ*

(2) M. Rose, *Études historiques*, page 626.

(3) Voyez le procès-verbal de la visite pastorale de Mgr de Gaillard du 12 mars 1673 et à la fin de l'ouvrage : l'inventaire des objets en or et en argent trouvés dans la chapelle de Ste-Anne à l'époque de la révolution.

(4) M Boze, *Histoire de l'église d'Apt*, page 420.

contredit, l'orgueil de la cité, leur coûta vingt-une anné s de travail (1) et une continuité de sacrifices inouis. La dévotion des peuples, au tombeau de la glorieuse mère de Marie, un moment interrompue pendant les guerres civiles (2) reprit à la paix de Vervins (2 mai 1598) cette splendeur qui l'avait rendue déjà si célèbre et qui s'est perpétuée jusqu'à ces derniers temps (3). Il le fallait bien, afin qu'on pût trouver dans cet élan religieux, réunissant et confondant étrangers et indigènes, les ressources suffisantes pour oser entreprendre et conduire à bonne fin un aussi superbe ouvrage, ce chef-d'œuvre d'architecture. La ville livrée à elle-même aurait été impuissante. C'était là un édifice complet ayant son clocher, sa sacristie, et de plus ses vases sacrés, ses ornements, ses chapelains ou *claviers*, comme on les appelait alors, et sa fabrique. Il ne faisait pas partie de la cathédrale ; il en était séparé par un mur percé de deux portes de communication, au-dessus desquelles on avait établi en dedans une tribune à balustrade dorée, soutenue par quatre cariatides dorées aussi et à figures d'anges ; ce qui, joint à d'autres décorations, valait bien mieux que

(1) La chapelle de Ste-Anne fut commencée en 1643 par Jullien Compain, de la ville du Mans, continuée en 1655 par Esprit Rochas, de l'Isle de Venise et terminée en 1664. Nous avons lu les actes notariés.

(2) La ville étant menacée par les Calvinistes en 1560, les magistrats ordonnèrent que les portes en seraient fermées les jours de fêtes. Cette mesure ayant été soigneusement exécutée, la veille et le jour de Ste-Anne, les étrangers résolurent de tirer vengeance de cet affront. M. Boze, *Histoire d'Apt*, page 251.

(3) M. Boze, *Histoire de l'église d'Apt*, page 266.

la grille en fer qu'on y substitua un siècle après (1).

A la suite de la première translation des Reliques, disons plutôt de leur exaltation, mot qui, quoique synonyme en quelque manière à celui-ci, exprime cependant plus fortement la chose, on vit, dit M. de Remerville (2), considérablement augmenter la dévotion des peuples envers notre Sainte Protectrice. De là encore, date cet entraînement qui portait les Souverains Pontifes, les Rois (3), les Princes, les Évêques, les guerriers, les petits, les grands, les pauvres, les riches à venir ici, tous et à l'envi, dans leurs besoins particuliers, comme dans les besoins généraux, lui

(1) M. Boze, *Histoire de l'église d'Apt*, page 402. Autrefois la niche des Saintes Reliques s'ouvrait, l'autel garni de quatre flambeaux d'une livre pièce, aux fêtes suivantes ; aux 1res et 2es vêpres, à laudes, aux messes basses et à la grand'messe, savoir : les jours de Ste-Anne, de St-Auspice, de St-Joachim, de St-Martian, de la Nativité de la Ste-Vierge, de St-Castor, de l'invention de Ste-Anne. Aux messes basses et à la grande seulement, aux fêtes 1re et 2e de la Pentecôte, Fête-Dieu, Assomption, Toussaint, 1re et 2e de Noël, Circoncision, Epiphanie, Purification, Annonciation, hors la semaine sainte, 1re et 2e de Pâques et Ascension. Au dimanche de la Trinité on ouvre la chapelle et non la niche aux 1res et 2es vêpres, à laudes et aux messes. Tableau portant pour titre : Avis à MM. les Claviers de Ste-Anne.

(2) *Dissertation inédite sur les Reliques de Ste-Anne*, ch. X. M. Boze, *Histoire de l'église d'Apt*, page 266. *Officia propria sanctæ Ecclesiæ Aptensis, in festo translationis venerandi corporis Beatissimæ Annæ.* Lectio IV.

(3) A la page 16 du présent ouvrage, lisez : par lettres-patentes du 25 janvier 1475, au lieu de 28 janvier 1445. Sur trois manuscrits collationnés par nous, deux donnent cette première date, ainsi que l'Histoire de l'église d'Apt par M. Boze, page 278. En indiquant le nom des Cardinaux et leurs titres, nous disons, page 20 : Jérome du titre de *St-Chrisologue*, tandis que nous aurions dû écrire de *Ste-Grisogone*·

demander secours et protection, marchant à la voix des chefs supérieurs de l'église, à la voix des cardinaux qui, nombreux, ouvrent le trésor des indulgences en faveur de cette dévotion, sanctionnant, par les mêmes bulles, la légitimité de notre ancienne tradition, consacrée déjà par le consentement unanime du monde chrétien (1) et proclamée encore par une foule de graves auteurs dont nous avons précédemment publié les noms. Aussi et avec raison les plus célèbres pélérinages de l'Europe, en l'honneur de Ste-Anne, n'apportent d'autres preuves de l'authenticité des Reliques de la Sainte que l'on y vénère, sinon : qu'elles viennent d'Apt ; et elles seraient apocryphes, en effet, si elles dérivaient d'une autre source (2).

Ces différentes églises tenaient les parcelles qu'elles possédaient, plus ou moins insignes, d'éminents personnages qui les avaient eux-mêmes reçues dans certaines circonstances (3)

(1) M. de Remervile, *Dissertation...* chap. X. *sur la fin.*

(2) Lisez en entier le IXme chapitre de la dissertation.

(3) Le monastère de l'Isle Barbe, près de Lyon, reçut de Charlemagne la Relique de Ste-Anne qu'il possédait ; Orcamp en Picardie, la sienne de Simon de Roye, gouverneur de Provence ; un monastère de filles en Languedoc, de Louise de Beauvau ; Vinay prés Coni, des barons de La Tour-d'Aigues ; Ancône, Naples, la Sicile, des seigneurs provençaux qui étaient à la suite de nos comtes devenus rois de Naples ; Auray en Bretagne, de Anne d'Autriche, ainsi que les dames de la Visitation et les religieux Prémontrés, à Paris : Florence du grand duc, etc. Bien que d'autres églises ne puissent pas présenter de pareils titres, une présomption en leur faveur qui balancerait presque cette autorité, serait de savoir si les parcelles qu'elles gardent ne sont point comprises dans l'inventaire de 1602. Sont dans

du Chapitre lui-même. Mais pour ôter à ce corps, infiniment honorable d'ailleurs, tout moyen de disposer à l'avenir d'un trésor dont il n'aurait dû se considérer que comme le simple gardien, l'autorité civile demanda par requête au Parlement d'en ordonner l'inventaire et d'y apposer ensuite ses sceaux; ce qui fut ainsi fait le 4 septembre 1602 (1). Et désormais on ne put en obtenir la moindre partie, que par arrêt de la Cour. La reine Anne d'Autriche et le grand Duc de Toscane qui en demandèrent en 1623 et 1713 furent obligés de se soumettre à cette jurisprudence un peu sévère, il est vrai, mais très-nécessaire cependant.

Les dernières années de ce 14me siècle forment pour nous une époque si digne de mémoire, qu'on souhaiterait qu'elle eût été inscrite en caractères ineffaçables sur le frontispice de la Sainte chapelle. Ne fut-il pas, en effet, un jour de gloire et de triomphe pour Ste-Anne, le jour auquel ses ossements bénis sortent de leur tombeau entourés d'honneur et de vénération, paraissant au-dehors comme revêtus d'une nouvelle vie ! Nos pères sont dans la joie et composent pour perpétuer le souvenir de cet heureux évènement des cantiques sacrés que nous entonnons encore toutes les an-

ce cas : Aix-la-Chapelle, Rouen. Bologne, Duren, en Westphalie, Ursits, en Franconie, Prague, Narbonne, Ste-Anne de Marin, près Thonon, etc.

(1) L'inventaire fut fait ainsi qu'il est dit page 31, en présence d'un grand-vicaire, du Chapitre en corps, des Consuls. d'une partie de la noblesse et autres personnes, ce que nous aurions dû répéter dans le titre en tête de cet inventaire page 59, ceci regardant l'autorité religieuse surtout.

nées au renouvellement de cette fête. De plus, ce jour-là, ils la prennent par un acte public et solennel pour leur **PATRONNE**, pour la **PRINCIPALE PATRONNE DE LA VILLE ET DU DIOCÈSE** (1). Et puis, leurs arrière petits-fils inspirés comme eux par des sentiments aussi nobles que généreux, lui lèguent, deux cent soixante-douze ans après, un magnifique et brillant héritage, témoignage éclatant et perpétuel de leur amour et de leur reconnaissance pour les faveurs insignes qu'elle leur avait octroyées (2).

Outre la fête de la Sainte, le fête du 26 juillet

(1) M. de Remerville, dissertation... chap. X.

(2) Surtout la conservation de leur foi, alors que l'hérésie toute puissante s'efforçait de la leur ravir, par tous les moyens en son pouvoir. La ville, quoique défendue par de très-bons remparts flanqués de nombreuses et hautes tours et l'humeur toute guerrière de ses habitants, aurait infailliblement succombé sous les attaques vigoureuses et souvent réiterées des Calvinistes, les ennemis de sa religion, si, dans ces graves circonstances elle n'avait été secourue par une force venue d'en haut. Aussi nos pères ont toujours reconnu et publiquement confessé devoir alors leur salut à la protection de leur glorieuse et bien-aimée patronne.

M. Boze, Histoire de la ville d'Apt, page 272.

Un fait, un seul : en 1586, la ville, à la faveur des ténèbres de la nuit, allait être emportée par surprise ; des pétards avait déjà largement entrouvert la porte de la Bouquerie. Aussitôt, à un cri d'alarme accourt la garde qui assistait à une messe que l'on disait pour elle à Ste-Anne, à la pointe du jour ; mais elle serait arrivée trop tard et c'en était fait de la ville, sans l'intrépide courage d'un étranger, qui se trouvant juste là par hasard, arrête, la hallebarde à la main, les assaillants sur le seuil même de la porte, au moment où ils entraient. Secourus dans cet instant décisif d'une manière si inespérée, nos pieux ancêtres voient en cela l'œuvre de Dieu et émus de reconnaissance, ils s'engagent, par vœu, à faire en actions de grâces, pendant environ un siècle, une procession en l'honneur de Ste-Anne, qui fut dite *procession des pétards*. M. Boze, Histoire de la ville d'Apt, page 293.

qui se célébrait dans Apt de toute ancienneté (1), outre la grande solennité de l'Octave de Pâques, établie, avec office *propre*, pour honorer ses Reliques (2) et continuée jusqu'en 1532, qu'elle fut renvoyée au 4 mai, ainsi qu'il vient d'être dit ; on fit encore alors, en son honneur un autre office semi-double, le mardi de chaque semaine, quand il n'y avait pas empêchement (3) et dans les litanies on introduisit l'usage de réciter trois fois son nom de cette manière ;

Sancta Anna, ora pro nobis, Sancta Anna, ora pro nobis,—Sancta Anna, intercedite pro nobis.

M. de Remerville. *Dissertation. chap. X.*

(1) On trouve cette fête, dit M. de Remerville, *Dissertation*, chap. V, marquée au 26 juillet dans nos plus anciens bréviaires manuscrits, dans un calendrier du 13me siècle, dans un martyrologe du 12me ce qui indique une plus grande ancienneté. On sait qu'elle n'est devenue fête de l'église universelle qu'en 1584 ; elle n'a donc été particulière à Apt, que parce que cette ville était dépositaire des Reliques de la Sainte.

(2) D'après un cahier des dépenses du Chapitre du 18 novembre 1374, il parait que Véran Carniol fut envoyée à Avignon pour faire approuver cette fête.

(3) *Officium Beatissimæ Annæ per annum*, ancien Propre de l'église d'Apt.

Nota Bene. — Toutes les propositions, de quelque autorité, émises dans cet abrégé et le précédent opuscule, ont été empruntées à M. de Remerville ou autres auteurs aussi graves que celui-ci. Nous aurions pu multiplier les notes, si nous n'avions pas craint d'être fastidieux.

Notre travail est achevé, nous en faisons volontiers hommage à Ste-Anne notre Patronne chérie, en l'honneur de laquelle nous l'avons entrepris; il lui appartient, tout défectueux qu'il est.

La piété que depuis longtemps nous lui avons vouée et l'attachement non équivoque que nous portons à un pays qui nous a vu naître, ont été les seuls motifs qui nous ont déterminé à nous entretenir un moment de la religion des peuples envers cette grande Sainte. De là, nous avons été amené tout naturellement à en examiner l'origine et les progrès. Cette étude, nous en faisons de bon cœur l'aveu, a été pour nous une véritable cause d'édification, car nous avons rencontré, en parcourant la suite des siècles, toutes les classes de la société venir avec entrainement, dans leurs peines et leurs douleurs, adresser à la mère de la mère de Dieu des supplications qui étaient toujours favorablement accueillies quand le cœur seul les lui présentait.

C'est donc avec bonheur que nous inscrivons, dans ce Mémoire, les titres que cette aimable Sainte a à notre amour comme à notre vénération, et que nous exprimons le désir de voir les fidèles s'empresser, plus que jamais, à l'honorer avec les sentiments de l'affection la plus tendre, et la foule des pélerins affluer, aujourd'hui comme jadis, autour de son glorieux tombeau. L'intérêt religieux des populations du voisinage semble réclamer le retour à cette antique dévotion; mais l'intérêt d'une ville, surtout, dont le nom et celui de sa bienheureuse protectrice s'identifient de telle sorte dans la bouche des fidèles, que les deux se confondent et n'en forment qu'un seul : *Santanada*.

Nous le lui offrons aussi à Ste-Anne, ce travail, comme témoignage de notre profonde gratitude pour les bienfaits sans nombre que, de son auguste sanctuaire, elle n'a cessé de répandre sur nos pères et tout récemment sur nous (1). Qu'elle daigne accepter cette double offrande que nous déposons aujourd'hui à ses pieds et nous permettre de renouveler et de lui présenter encore ici les vœux que nous avons si souvent formés pour le bonheur et la prospérité de notre patrie; cette prière exaucée, nous serons, nos bien aimés concitoyens et nous, toujours bénis et la cité à jamais protégée par elle.

Nos recherches sur les reliques de Ste-Anne, si dévotement conservées dans l'ancienne cathédrale d'Apt, étaient terminées; nous avions égale-

(1) Choléra-morbus, 1835-37-49-54.

ment réunis tous les documents que les manuscrits historiques et les registres, existant encore, ont pu nous fournir touchant le culte spécial dont elles ont été toujours l'objet, et le résultat de ce travail allait être rendu public, lorsque dans la belle et touchante cérémonie d'installation du nouveau pasteur de la paroisse (20 mai 1860), nous avons eu le précieux avantage d'entendre notre vénérable et bien vénéré archevêque, accouru pour relever par sa présence la pompe de la fête, nous parler de Ste-Anne, en faire le sujet principal de son discours et nous féliciter, dans un langage plein de noblesse, d'être placés sous la haute et bienveillante protection de la mère de la mère de Dieu. Nous avons ouï là l'auguste prélat, exprimer, avec cette bonté de père si naturelle en lui, le vœu qu'il formait de voir se renouveler ici, avec tous les caractères d'une solide piété, la dévotion envers une Sainte si digne de notre amour et de notre reconnaissance. Retraçant ensuite rapidement et d'une manière chaleureuse les droits et les titres de notre église : « ils sont bien plus sacrés, s'est écrié l'illustre pontife, que ceux de toutes les autres églises, qui dans le monde ont l'heureux privilège de posséder quelques parcelles de ses Saints ossements, puisque les tenant de celle d'Apt, elles lui sont redevables de la gloire et de la célébrité que ces précieux dépôts leur procurent. »

Vivement satisfaits, nous avons vu, immédiatement après, le pasteur que le ciel nous envoyait, reprendre la même matière et inviter, par des paroles empreintes de la plus ardente charité, son immense auditoire, ses nouvelles ouailles, à le seconder dans l'intention qu'il avait de rendre au culte de notre Sainte Patronne le magnifique appareil qui l'environnait autrefois ; afin de chercher à ramener par là, au sein des populations qui nous entourent, cette belle dévotion qui apportait jadis au sein de leurs familles de si douces bénédictions et avec elles la paix et le bonheur.

Ces paroles si solennellement prononcées dans une circonstance dont la mémoire se conservera longtemps parmi nous, auront de l'écho dans nos cœurs; elles en ont touché l'endroit le plus sensible et elles contribueront sinon à réveiller, du moins à rendre plus vifs et plus expansifs les sentiments de profonde vénération, de grande confiance et de dévouement sans limites, que dans tous les temps, les habitants de cette ville ont eus pour Ste-Anne et pour leurs autres bienheureux protecteurs.

Nous sommes heureux que l'impression des lignes qui précèdent ne soit pas entièrement finie, et que la lenteur attachée à ce travail nous laisse encore la faculté d'employer les moments qui nous restent à exprimer, par quelques mots, combien nous avons été touché de voir les fidèles accourir nombreux et empressés aux saints exercices qui ont été célébrés dernièrement en l'honneur de Ste-Anne (1) comme aussi de la solennité dont, par une louable initiative, notre bien aimé pasteur a daigné les entourer. Nous nous félicitons de pouvoir, au nom de la population dévote à cette glorieuse Sainte, ou plutôt, disons-le, au nom de la ville tout entière, lui en témoigner notre profonde et bien vive reconnaissance. Nous le remercions encore, et toujours au même titre, de l'attention avec laquelle il va au devant de nos pieux désirs, en faisant revivre les usages d'autrefois et en s'efforçant de rendre à notre royal et splendide sanctuaire la gloire dont il fut investi dès le jour où Ste-Anne y entra triomphante pour y établir à jamais son trône et sa demeure, et à un culte qui nous est bien cher, l'éclat et la pompe des âges passés ; et alors, ce qui, à ces époques de salut, attirait si souvent sur nos ayeux les bénédictions du ciel et même celles de la terre, les attirera également sur leurs petits-fils. Nous le souhaitons. La félicité de chacun ici, sans exception de personnes, étant le désir le plus intime de notre âme. Ce souhait, nous ne pouvons mieux l'exprimer, en terminant, que par ce texte de l'Écriture :

Que le Seigneur notre Dieu soit avec nous, comme il a été avec nos pères : Qu'il ne nous abandonne et ne nous rejette point ; mais qu'il incline nos cœurs vers lui, afin que nous marchions dans

(1) Fète de Ste-Anne et Octave, 1860.

toutes ses voies, et que nous gardions ses préceptes, ses cérémonies et toutes les ordonnances qu'il a prescrites à nos pères.

Sit dominus deus noster nobiscum, sicut fuit cum patribus nostris, non delinquens nos, neque projiciens; sed inclinet corda nostra ad se, ut ambulemus in universis viis ejus, et cœremonias ejus, et judicia quœcumque mandavit patribus nostris.

Les Rois, livre III. Chap. VIII, versets 57 et 58.

Soumis avec respect à l'Église catholique à laquelle nous avons l'insigne avantage d'appartenir, nous déclarons hautement que dans tout ce que nous avons dit ici des fêtes de nos Saints Patrons, notre pensée n'a jamais été de nous élever le moins du monde contre les règles liturgiques approuvées et prescrites par elle. Nous avons voulu seulement, dans l'intérêt religieux de la population, exprimer, en toute humilité, les vœux que la piété formait ici et rien de plus.

INVENTAIRE

Ou état de l'argenterie de Ste-Anne.

		marcs.	onces	gros.	deniers.	grains.
5 novembre 1792.	Les plaques de deux bras..	3				
	Les plaques de deux châsses qui renfermaient des ossements.	13	3	2		
	Trois lampes.	10				
	Une croix d'autel et son crucifix en vermeil.. .	7	7	6		
	Quatre chandeliers d'autel.	14	5	3		
	Un ange en vermeil sur un piédestal portant reliquaire.	1	2	4		
	Une vierge portant l'Enfant Jésus..	2	5	2		
	Un piédestal vermeil portant deux anges avec leurs ailes et Ste-Anne d'or tenant sa fille.	9	1			
	La dite Ste-Anne en or émaillé.	2	4	4		
	Deux claviers et six chaînes.	3	7			
	Un poisson et neuf paires d'yeux.	3	1			
	Six cœurs, douze bagues et autres petits objets.. .	1	3			
	Une plaque représentant un *ex-voto*.		3	2		
	Quarante-neuf bagues en or.		3			
	Autre État:					
29 nivôse an 2. 18 janvier 1794.	Trente-six plaques portant armoiries et trois croix pesant.	2	7	2		

	marcs.	onces.	gros.	deniers.	grains.
Deux bras portant 23 pierres avec ses deux pieds.	21	1	6		
Une couronne ornée de pierres et perles. . .	3	4	2		
Deux mitres ornées de pierres en couleur. . .	8	6	6		
Une couronne et un soleil.	2	6	2		
Un bras d'argent. . . .	7	2	3		
Une piscine		5	4		
Un reliquaire de St-Martian en forme de chandelier..	1	3	2		
Un fer à cheval. avec une médaille, à filagramme..			6		
Mitraille en argent.. . .		1	1		
Un aigle en or fin, avec cinq émeraudes et trois topazes.		1	2	2	
Une croix de Malte et la croix d'un évêque. . .			7	4	6
Une grande croix en vermeil de Ste-Anne en diverses pièces.	19	7			

Autre État :

10 floréal an 2.
19 avril 1794.

	marcs.	onces.	gros.	deniers.	grains.
Le buste de Ste-Anne et quatre lions en vermeil.. Le buste de St-Auspice, en vermeil. . . . . . Le Buste de St-Castor, en vermeil. . . . . . Le buste de St-Martian, en vermeil. . . . . . Le buste de St-Elzéar, en vermeil, et 4 lions. . . Le buste de Ste-Delphine, en vermeil, et 4 lions. .	156	6	4		

Autre état des effets en or et autres retirés du buste de Ste-Anne.

		marcs	onces.	gros.	deniers.	grains.
12 floréal an 2. 1er mai 1794.	Une couronne en or ornée de 51 pierres et roses et plusieurs perles blanches pesant ensemble. . .	3			23	
	Sept tours de petites perles blanches et deux tours de noires sur un ruban vert duquel pend une croix et un cœur d'or, plus 14 tours perles geay et or, avec 17 perles cornalines de diverses couleurs, le tout sur un ruban vert, pesant.		4	5		
	Six grandes roses en or, garnies de pierres, plus huit petites pierres en or, ayant chacune une pierre et quelques perles, desquelles roses pend un raisin d'or, dont quatre portent quelques petites perles et deux sont sans perles, le tout formait le camail; plus, au milieu dudit camail, un cœur d'or dans lequel est enchassé une topaze entourée de diverses pierres, plus deux petites croix en façon de St-Esprit avec une petite perle au bout, pesant ensemble.. . .	1	2	6	2	12
	Une petite croix émaillée portant trois petites per-					

	marcs.	onces.	gros.	deniers.	grains.
les et une autre petite croix d'or avec son cœur, pesant			2		
Une grosse baguée en or, avec une statue en bosse de chaque côté trouvée à un bras d'argent, pesant.			6		

Ici le travail, par sa délicatesse, devait l'emporter de beaucoup sur la matière.

PROCÈS-VERBAL

FAIT

Par M. le Conseiller Dagut

Commissaire Député par la Cour

Sur les Saintes Reliques de Ste-Anne, demandées par la Reyne régnante.

Savoir faisons nous Honoré Dagut, Conseiller du Roy en la Cour du Parlement de Provence et suivant les lettres patentes du Roi données à St-Germain-en-Laye, le 12 août dernier 1623, par lesquelles Sa Majesté mande à la dite Cour que la Reine, sa très-chère épouse, ayant fait entendre l'extrême désir qu'elle a eu depuis quelque temps d'avoir quelques rcliques de Ste-Anne dont le corps git dans l'église d'Apt, en ce pays de Provence, elle en aurait fait instance aux sieur Évêque et Chapitre dudit Apt, lesquels ne pouvant, en cela, lui donner le consentement qu'elle s'en était promis, à cause des arrêts et défenses par la dite Cour faites d'ôter ni prendre des dites reliques. Mais d'autant que cette difficulté ne diminue pas le désir et volonté qu'elle a en cette dévotion, elle aurait très-affectueusement supplié le Roi, lui vouloir, sur ce sujet, départir son autorité et assistance. A cette cause, voulant sa dite Majesté en tant qu'est à elle possible, favoriser les bonnes et pieuses intentions de la Reine sa dite épouse et participer à cette particulière dévotion, mande et très-expressément enjoint à la dite Cour par les dites lettres, qu'elle ait à consentir et faire délivrer à la Reyne ou à ceux qui y seront envoyés de sa part, une petite portion des Saintes Reliques, et telle que la Cour jugera convenable pour son consentement, sans y apporter aucune défense ni retardement, nonobstant les arrêts d'icelles, défenses et autres choses à ce contraire ; car tel est son plaisir.

Lesquelles lettres patentes ayant été présentées à la chambre ordinaire des vacations sur la réquisition ordonnée par le Procureur général du Roi, tendant à fin pour les causes y contenues avoir la vérification et enregistrement d'icelles, attendu l'expresse volonté de Sa Majesté, y aurait eu arrêt de la dite chambre le 20 du présent mois par lequel est ordonné que les dites lettres patentes seront enregistrées aux registres d'icelle, pour être gardées selon leur forme et teneur, et qu'à ces fins, sera procédé à l'exécution d'icelles par M. Honoré Dagut, Conseiller du Roi, en présence de l'évêque, Chapitre et Consuls de la dite ville, et du tout fait procès-verbal pour servir ainsi que de raison, à la charge que les dites lettres patentes seront représentées au premier jour après la St-Rémy à notre Commission de ce jour pour ce fait, pour les mettre à exécution suivant ledit arrêt ; laquelle recevant avec l'honneur que nous devons, serions partis de la ville d'Aix le jeudi jour et fête de M. St-Mathieu 21 du présent mois, accompagné de François d'Autric sieur de Baudun écuïer dudit Apt, de M. Pierre Legrand, Substitut de M. le Procureur général du Roi, de César Imbert et de Isnard Allemand notre vallet de pied et serions arrivés ledit jour audit Apt et descendus en l'hôtellerie tenue par Barthélemy Bouche ayant pour enseigne l'image Notre-Dame, et étant descendus de cheval, serions allés faire notre prière en l'église de Mme Ste-Anne, pour y prier Dieu de vouloir bénir les vœux de Leurs Majestés ; aurions en chemin été rencontrés par le viguiers, Consuls et autres apparents de la dite ville, et fait ensemble notre oraison en la dite église , serions allé à l'hôtel épiscopal visiter M. Jean Pélissier évêque dudit Apt et fait entendre le fait de notre Commission , lequel par lui senti, nous aurait dit être prêt de satisfaire aux volontés du Roi, de la Reine et de la Cour, et à ces fins pour le mettre à exécution nous aurait donné heure à demain vendredi 22 du présent , huit et demie du matin pour être rendu dans la dite église de Mme Ste-Anne, au préalable célébrer une grande Messe et après visiter les Saintes Reliques et faire choix d'une portion d'icelles pour la mander à la Reyne, suivant son désir et sa volonté.

Et le lendemain vendredi 22e dudit mois, ledit sieur Évêque nous aurait fait savoir de la bouche de Pierre Latard, de la ville de Montargis, de l'excuser ce matin ne se pouvoir rendre en ladite Église attendu les pluies et qu'infailliblement cela lui causerait la goutte et que cependant nous pouvions faire notre dévotion d'après dîner, procéder à la visite des Saintes Reliques ; sur quoi nous nous serions acheminé audit hôtel de l'Évêque pour savoir de lui plus en plein son instruction ; et y étant arrivés, l'aurions trouvé disposé de venir en là dite église et effectuer la résolution prise dès le soir dernier, et ensemblement nous serions acheminés dans icelle église, et entrés dans la chapelle où reposent les saints ossements de Mme Ste-Anne, et pour être icelle étroite et petite et aussi pour éviter la confusion qui y pourrait être et empêcher la vénération et ordre convenable, pour ledit fait de notre Commission aurions limité le nombre tant de Messieurs les ecclésiastiques que Messieurs de la noblesse de la ville; aurions fait entrer M. Jean Etienne Seignoret prévôt, Pierre Geoffroy archidiacre, Jean Courtois, sacristain, Elzéar Guichard aumônier et recteur, Jean Louis Hortie Capiscol, Adam Geoffroi, Pierre Meyssonnier, Jean Fabre, François Peiron, Denis Ducanton, Antoine Rampal, Théologal Chanoine, Léon Guillaume et Pierre Sage bénéficiers, M. Jean Destevenot, viguier, Pierre Chaix consul, Adnibal Dallard consul vieux, Claude Dautric de Vintimille sieur de Beaumettes, François Dautric de Vintimille sieur de Baudun, François Dastenoul prieur de Lioux, Denis de Gautier, Pierre Cader de Grambois, Pierre de Remerville, Jean Masse, Jacques Ducanton, Gaspard Dalbertas, Jean Antoine Grossi, Pierre Dubois, André Bremond, Claude Autran, Ambroise Seignoret, Valère Provençal et Laurent Hérisson et aurions commandé à M. Barthélemy Orcel juge-royal et Pierre Legrand substitut de M. le Procureur général du Roi audit Apt de nous assister en l'action que nous allons promptement faire et même audit M. Legrand de requérir si besoin est et faire remontrance nouvelle aux propositions et requisitions si aucunes en sont faites par leur présence.

Et après que la porte de la dite chapelle a été fermée, en présence dudit sieur Évêque, la messe aurait été célébrée par ledit M. Adam Geoffroi, laquelle dite, et par nous remontré le fait de notre Commission et la dignité d'icelle, l'importance à l'honneur et respect que nous devons à ses saintes et précieuses reliques, le devoir à quoi Dieu et la nature nous obligeaient de rendre, l'obéissance à Leur Majestés et au désir d'icelles à quoi nous aurions reconnu l'inclination de l'assemblée être totalement portée par leurs vœux et suffrages, pure affection et cordiale volonté apparente au serein de leur visage, même dudit sieur évêque, aurions d'abondance renouvellé la lecture des dites lettres patentes et arrêt par ledit M. Legrand, Substitut de M. le Procureur général du Roi, lesdits Consuls assistés des Députés, nous aurait représenté y avoir eu de l'omission de n'avoir fait mention dans les dites lettres patentes que de MM. dudit Chapitre et que mention de la Communauté dudit Apt y devait aussi être, puisqu'elle avait député, comme le corps dudit Chapitre, pour savoir la volonté de la Reyne, ce qu'a été confirmé encore par ledit sieur de Baudun que l'intention de l'expédition des dites lettres en avait été telle, mais que ce n'avait été qu'un oubli du secrétaire et cela confirmé par la lettre de cachet qu'il plut à la Reyne d'écrire à ladite Communauté le 9e mai dernier signé de sa main et au-dessous de Beauclair. Et par la lettre du 20 juillet suivant à eux envoyée par M. le premier Président sur la députation dudit sieur de Baudun, donnant et approuvant icelle, et combien la Reyne l'aurait agréable, nous requerant lui concéder acte de leur proposition n'empêchant rien, nous requérant l'exécution de notre Commission et l'a présentée ledit M. Jean Etienne Seignoret, prévost, tant en son nom que dudit Chapitre, désirant concourir qu'ils nous auraient vrais désir et volonté que d'effectuer le commandement de Leurs Majestés, en ce que nous leur ordonnerons suivant notre Commission qui nous en ont produit les effets par leurs suffrages, prières et célébration de la sainte messe, qu'ils viennent de célébrer en notre présence, ne croyant pas que Messieurs du Chapitre et la dite ville veuillent avoir mêmes prérogatives qu'eux en la garde des dites saintes reliques. Et bien que les dites lettres patentes eussent fait mention d'eux, cela ne leur attribuerait aucun droit ni amenerait aucun nouveau à l'ancien us et coutume, pouvant joindre aux dites lettres patentes, la lettre de cachet qu'a plu à la Reyne écrire le 14 août dernier, signée par Sa Majesté et par ledit de Beauclair secrétaire. Mais au plus grand appui de leurs droits ne faut voir que l'arrêt de la Cour du Parlement du 20 mars 1603 qu'ils nous ont exhibé et un livre de leurs titres au feuillet trois cent vingt-deux donné entr'eux et lesdits Consuls, par lequel étant fait droit sur les requêtes pour lors plaidées en ce qui concerne l'aumône, ordonne qu'il sera fait une cote générale suivant l'ordonnance à laquelle ceux qui parlent doivent entrer suivant les revenus qu'ils ont au lieu. Et pour la garde des Saintes Reliques ordonne qu'elles demeureront entre les mains dudit Chapitre comme auparavant à la charge que de cinq en cinq ans les inventaires d'icelles seront recolées et vérifiés, appelant le Substitut du procureur général et les Consuls, et pour le regard des oblations qui se font à la sainte messe appartiendront audit Chapitre comme ils en ont toujours joui; et néanmoins sera permis aux dits Consuls de faire apposer un tronc pour recevoir les autres oblations qui se fairont, duquel le Chapitre aura une clef et les Consuls l'autre, pour être, les deniers qui en proviendront employés par ledit Chapitre suivant les saints décrets, appelés lesdits Consuls; et par la lecture de cet arrêt est témoigné de la volonté de la Cour à la direction et garde des dites Saintes Reliques, et lesquelles étant pour lors en un coffre du vieux temps, par la piété et charité du sieur de Malatesta, général pour notre Saint-Père au Comtat Venaissin aurait été fait la châsse d'argent que nous voyons sur l'autel, dans laquelle ils ont mis les Saints ossements de Mme Ste-Anne qui étaient dans ledit vieux coffre de cyprès dans lequel lesdits Saints ossements furent fermés et eussent grandement desiré la dite châsse argent eût été de la grandeur requise pour y placer le même coffre, lequel ils nous ont montré avoir placé en ladite chapelle et à l'issue d'icelle à main droite couvert de taffetas incarnat, tout couvert presque de poussière ayant perdu sa couleur; que lors de la translation desdits Saints ossements, ce fut le jour de Saint-Joachim, le même jour de l'arrêt 20 mars, mais en l'année 1617 quatorze ans après révolus ledit arrêt, et ils firent la procession générale et les cérémonies dues à un si saint reliquaire, à laquelle assistèrent Messieurs les Consuls et tout le corps de ville; cela était en présence de leur seigneur Évêque et des officiers du Roi, tellement que cela marque encore leur possession comme résultera du verbal de ladite translation qu'ils ont faite que nous verrons à l'ouverture de ladite châsse; et pour montrer la candeur de laquelle ils ont usé, ils nous ont mis en main un verbal fait par MM. Marc-Antoine Spaignet Conseiller du Roi en la Cour, de l'inventaire par lui fait, assisté pour lors de feu M. Joseph Aymar, Procureur général du Roi, étant ledit verbal du dernier août et 5 septembre 1602 tous attachés avec la Commission dudit sieur.

Repliquant lesdits Consuls disent que l'arrêt n'attribue que la garde des dites Saintes Reliques en l'église, mais néanmoins que ledit Chapitre n'a l'usage et faculté d'ouvrir les Saints ossements pour être une conséquence trop dangereuse, vu que bien jusqu'à présent on ne puisse reconnaître que toute probité audit Chapitre n'ayant jusqu'à cette heure appris d'eux aucun abus pour ce qui regarde lesdits Saints ossements, toutefois il leur sera permis de dire puisqu'il nous exhibent le verbal dudit sieur Spaignet et font mention de ladite translation, que néanmoins en icelle le scel des armes du Roi que ledit sieur Spaignet avait fait appliquer lors dudit inventaire se trouverait être arraché et par ainsi fort facilement on aurait pu aisément abuser desdites Saintes Reliques ; nous requérant qu'il nous plaise délibéreret ordonner ce que nous trouverons bon pour le bien et digne conservation d'iceux tant de ceux qui sont dans ladite châsse d'argent que de ceux qui sont dans la sainte fiole que nous voyons posée au saint-autel et au second étage de dessus de ladite châsse et contre le chef de Mme Ste-Anne et à main droite d'icelui, et du tout leur concéder acte.

Et là présent, ledit M. Legrand en qualité de substitut de M. le Procureur général du Roi et comme commis pour nous assister à l'exécution de l'arrêt que nous exécutons présentement, requiert lui concéder acte de l'arrachement des sceaux et de ce que suivant l'arrêt du 20 mars ledit Chapitre n'a fait inventaire des dites Saintes Reliques, ainsi que nous verrons bon être.

Nous Conseiller et Commissaire en concédant acte respectivement aux dites parties de leurs dire et requisition ci-dessus, avons ordonné que sans préjudice du droit d'icelle et attribution d'aucun nouveau droit, qu'il sera procédé au fait de notre Commission et sauf en procédant à icelle, être fait droit à la requisition dudit Substitut du Procureur général du Roi et comme requisition que nous en font tout présentement lesdites parties, ordonner ce que nous verrons bon être pour éviter les abus qui se pourraient commettre à la garde des dites Saintes Reliques.

A laquelle lecture de laquelle ordonnance toutes les parties ont acquiescé ; ainsi l'atteste sieur Etienne Vapaly écrivant sous mondit seigneur le Conseiller.

Et après aurions fait descendre la dite châsse par M. Adam Geoffroi et fait mettre sur l'autel sur lequel la sainte messe fut célébrée et aurait été pris par ledit M. Adam, trois clefs qui étaient reposées au derrière du chef de Mme Ste-Anne, étant députés tous les ans quatre de leur Chapitre, deux chanoines et deux bénéficiers pour avoir soin à la conduite et direction du saint et divin service que se doit faire en cette chapelle; ainsi nous l'a attesté ledit M. Adam ; et ayant fait remettre les dites trois clefs en mains dudit sieur évêque lequel en ayant fait ouverture y aurions trouvé à l'intérieur un verbal en parchemin des dits sieurs Spaignet et d'Aymar du 5me septembre 1602 concernant lesdits Saints ossements et autre verbal fait par ledit sieur Évêque le 20 mars 1617 du temps de la dite translation, et lesdits Saints ossements dans un grand sachet toile cirée au-dedans où sont lesdits Saints ossements et au-dehors toile blanche fleurdelisée en chaque coin au-dessus et couleur de rose et au mitan une croix fleurdelisée avec les lettres majuscules que suivent : *Sacra ac veneranda ossa beatissimæ Annæ matris sanctissimæ Virginis Mariæ*, et plus bas APT, et fermés d'une attache soie cramoisi, et du mitan du haut, de l'ouverture d'une main et demi ouverte à six euillets en icelle ouverture. En présence de tous ledit sieur Évêque aurait pris à notre choix un petit ossement, lequel exhibé à Rol Teissier, maître chirurgien de cette ville, nous aurait fait rapport être le bout et articulation du doigt médicus (*) ou auricularius, et icelui avant mettre dans la

(*) Lisez *medius* au lieu de *medicus*. Cette faute nous a induit en erreur nous-même. Aucun doigt de la main n'étant ainsi désigné, nous en avions conclu que le mot *auricularius* était là pour expliquer

boite dans laquelle doit être portée à la Reyne, l'avons fait peser à Gaspard Bontemps maitre orfèvre qui nous a rapporté peser douze grains. Et ce fait, ledit sieur Évêque l'aurait mis dans ladite châsse d'argent et à part, pour, après que ladite boite sera faite être mis dedans ; ayant fini, aurions fait fermer ladite châsse argent et les trois clefs remises en nos mains les aurions mises dans le tronc des aumônes que nous aurions fait ouvrir et fermer à deux clefs dont l'une est gardée par MM. du Chapitre et l'autre par Messieurs de la ville et pour être gardées là dedans non-seulement lorsqu'il faudra prendre lesdits Saints ossements, mais encore pour toujours et à l'avenir et lesquelles ne pourront être ôtées que du consentement des parties, sans toutefois que cela puisse derroger à l'arrêt du 20 mars 1603, us, coutumes et direction que ledit Chapitre a de tout temps à la garde et conservation des dites Reliques, sans laquelle protestation et non autrement n'eussent consenti les dites clefs être remises audit tronc; et du tout nous en ont requis acte que nous leur avons concédé avec injonction que après l'ouverture faite pour prendre lesdits Saints ossements, ils ne pourront prendre les dites clefs ni ouvrir la dite châsse sans avoir délibéré sur quelque grande nécessité pour être représenté au Corps de Chapitre et corps de communauté auxquels seront tenus d'assembler tous chefs de maison ayant au préalable tiré permission de la Cour pour ce faire.

le terme précédent, et que l'ossement extrait de la châsse était une partie de ce doigt auricularius, ainsi qu'il est dit à la page 24, tandis que tout considéré et un habile médecin consulté il y a méprise dans le procès-verbal ; il est question ici de deux doigts, et l'alternative, vient, sans doute. de ce que le chirurgien appelé, par M. Dagut, à vérifier cette relique n'aura pas pu indiquer auquel des deux elle appartenait.

Et sans divertir à autre acte aurions représenté aux dits sieurs du Chapitre et corps de communauté de faire une honorable et digne députation convenable à la dignité des Saints ossements et de la personne à laquelle était porté; à quoi obéissant assemblés en Corps de Chapitre et réunion, nous auraient dit par la bouche dudit sieur prévôt qu'ils ont procédé à la députation de MM. Etienne Seignoret prévôt, de Jean Louis d'Ortigue Capiscol pour y joindre M. Jean Orcel tombé malade lors du premier voyage, et ce aux qualités et conditions portées par la première députation et non autrement, comme aussi lesdits sieurs Viguiers, Consuls et autres députés ci-dessus, nous auraient rapporté avoir prié les sieurs de Baudun, François d'Autric de Vintimille vouloir continuer, prendre la peine pour icelle communauté d'accompagner la Sainte Relique et tous ensemble la porter à Sa Majesté, auxquels, à ces fins, avons fait prêter tout présentement le serment en tel cas requis et de rapporter leur déclaration de Sa Majesté et de la Reyne d'avoir remis en leurs mains ladite Sainte Relique; ainsi l'ont promis et juré et sauf aux dits Consuls faire ratifier ladite députation dudit sieur de Baudun, au Conseil, dimanche prochain, ainsi comme leur avons enjoint et ont promis de ce faire. Vu pour plus grande validité du contenu en ce verbal, avons fait signer tous les assistants, après quoi avons prié MM. d'Apt de le faire. Jean, évêque d'Apt, Seignoret prévôt, Geoffroi archidiacre, Guichard recteur, Dortigue Capiscol, Geoffroi, Fabre chanoines, du Canton, Rampal, Guillaume, Sage bénéficiers, Rippert, Pélisson, Monier, David, Fabry recteur, Gossenda. Seing de Messieurs du Corps de ville, Destevenot viguier, Chaix consul, Beaumettes, Allard Consuls vieux, Lioux, Beaudun, Grambois, Masse, de Remerville, Bermond, Dalbertas,

Grossi, Ducanton, Seignoret, Dubois, Autran, Hérisson, Tissier. Et avons fait signer lesdits sieurs Juges et Substitut.

Et attendu l'heure tarde étant plus proche de deux heures après-midi que de une et demi, le même jour à trois heures et demi après-midi serions sortis de la maison du sieur des Beaumettes où nous aurions diné en compagnie dudit viguier Consuls et autres apparents et serions revenus en ladite chapelle de Mme Ste-Anne après qu'un peu auparavant M. Elzéar Guichard et Adam Geoffroi chanoines nous ayant visité nous auraient dit se rendre en ladite chapelle pour y recevoir ce que nous y ordonnerions au fait de notre Commission; à laquelle étant arrivés aurions procédé à faire fermer l'embouchure d'un grand vase violet chargé de figures à la gothique d'un taffetas rouge cramoisi cousu au rond d'un cordon soie de même couleur, et aux deux bouts dudit cordon y avons fait appliquer le scel du Roi sur un papier en postin rouge dedans et de chaque côté et après l'aurions fait remettre à la même place à laquelle nous avons fait description ci-dessus.

Du même jour les deux lettres de cachet ci-dessus mentionnées de la Reyne du 9e mai et de M. le premier Président du 8 juillet dernier ont été remises audit sieur Consul Chaix, par moi Etienne Vapaly écrivant sous mondit Seigneur le commissaire qui s'en est chargé. Signé: Chaix Consul.

Et le lendemain 23 à 6 heures du matin en présence des Députés, du Chapitre, dudit M. Legrand Substitut de M. le Procureur général du Roi, desdits Viguiers, Consuls, Chaix et Allard vieux Consuls; avons fait ouvrir le tronc dans lequel les trois clefs de ladite châsse auraient été mises le jour auparavant et aurions de nos mains ouvert icelle, et après avoir mis dans un sachet cuir violet les lettres patentes, l'arrêt et notre Commission attachés au contre-scel avec un abrégé de la procédure qu'avons tenue à prendre la portion de ce Saint ossement, et icelle fait lire tout haut en présence de tous les susdits et même de M. de Beaumettes y étant présent, tous lesquels ont dit contenir vérité, avons de nos mains pris ledit sachet contenant ces trois pièces dans ladite châsse et après fait prendre ledit Saint ossement et fait voir aux assistants par les mains de M. Jean Etienne Seignoret, prévost, tous lesquels ont reconnu être la portion que leur aurions fait retirer et prendre des mains dudit sieur Évêque, lequel pour aujourd'hui n'a pu assister, pour être occupé à donner les ordonnances en icelle sainte partie d'ossement remise dans un papier avec la vénération telle que s'appartient, ne touchant que le seul papier, l'aurions remis ès mains des trois députés ès propres mains de M. Jean Etienne Seignoret, prévost, pour lui avec Messire Jean d'Ortigue Capiscol et François d'Autric de Vintimille sieur de Baudun porter ensemble et partir dans le temps que nous leur avons ordonné, la Sainte Relique et le remettre dans la boîte ès propres mains de la Reyne et d'en rapporter la décharge en la forme que nous leur avons j'a prescrite en notre verbal, le jour qu'ils partiront de cette ville pour accomancer leur voyage, aux fins que Dieu les bénisse et les vœux de toute la France soient exaucés et le désir de la Reyne par l'intercession de Mme Ste-Anne et de la Très-Sainte Vierge, sa fille, soit accompli par la naissance dans neuf mois d'un dauphin, sera célébré au jour de leur partance dans cette Sainte chapelle, une autre messe à diacre et sous-diacre à laquelle assisteront les officiers du Roi, les Viguiers et Consuls et l'yrons conduire processionnellement jusqu'à l'église Saint-Lazare et lesdits officiers, Viguier et Consuls jusques aux limites et termes de leur terroir, ce qu'il nous ont promis de faire. Enjoint aussi aux dits députés de rendre leur voyage avec telle vénération que doivent à si précieuses reliques et audit sieur Prévôt s'il se peut et sans notable empêchement dire tous les jours sa messe, ne quitter ni abandonner jamais de ses mains ladite relique jusque que tous trois ensemblement l'ayant remise entre les mains de sa dite Majesté, comme il a été dit ci-dessus; et ainsi l'ont promis et juré ; comme aussi suivant notre précédente ordonnance les chargeons que si le susdit M. Orcel est vivant lui faire prêter le serment aux mêmes fins que eux l'ont prêté en nos mains les ayant commis à cet effet. Signoret prévôt, député, d'Ortigue Capiscol, Baudun.

Et ce fait, avons fermé la châsse aux dites trois clefs et icelles attachées d'un ruban et mis le scel du Roi en icelles clefs, ensemble ledit livre contenant la copie de l'arrêt, les verbaux et lettres de cachet et remis en mains du susdit M. Adam Geoffroy sous les dites trois clefs qui ont été rémises dans ledit tronc pour et après le retour desdits députés et qu'il conviendra mettre dans la dite châsse, la déclaration et décharge qu'iceux auront rapportée avoir remis la Sainte Relique à la Reyne; le tout sans préjudice du droit des parties et attribution d'aucun nouveau droit, pour lors de la dite remission être pourvu et ordonné par la Cour ainsi qu'elle verra bon être, sur la garde et conduite desdits députés, concédant acte au Substitut de M. le Procureur général du Roi de ce qu'il nous a dit qu'en l'année 1603 les sceaux qui ont été apposés aux dits Saints ossements avaient été arrachés et que suivant notre ordonnance, hier faite du consentement des parties les dites clefs auraient été mises dans ledit tronc. Signé : Geoffroy, chanoine.

Et plus n'a été procédé par nous et sommes partis le même jour de la ville d'Apt et venus à Pertuis, et n'ayant pu passer la rivière de la Durance y avons séjourné jusqu'au lendemain 24, passé la barque à Mirabeau et arrivé à Aix le même jour avec les dits Jean Etienne Signoret, prévôt, ledit Sire de Baudun et de M. Legrand, substitut ; signé : DAGUT.

(*Archives de l'Hôtel-de-Ville*).

POST-SCRIPTUM.

DÉCOUVERTES.

Dans la rédaction du précédent opuscule, notre sujet nous a souvent invité à parler d'une fenêtre, grand *Oculus*, que l'on voyait autrefois orné d'une grille à quelque distance en avant du maître-autel, ayant son entrée libre dans toute sa longueur, au bas du sanctuaire, en face de la porte principale de l'église. On l'ouvrit pour établir une sorte de communication entre la nef du milieu et la crypte de Ste-Anne (1). Vers la fin de la pre-

(1) Cette désignation de *crypte de Ste-Anne*, donnée au monument élevé par l'évêque Alphant en 1056, est impropre, quoique consacrée par le temps. Cet édifice n'a jamais été honoré des Reliques de la Sainte, on y gardait comme on y garde toujours, les restes de plusieurs saints martyrs et confesseurs, morts dans les premiers siècles de l'église. La vraie crypte, l'*antrum antiquum*, dépositaire de son corps, (in festo translationis venerandi corporis beatæ Annæ, lectio IV) jusqu'en 1392, est au-dessous de celle-ci. Les Reliques étaient là renfermées dans un enfoncement actuellement garni d'une grille et pratiqué dans l'épaisseur du mur à droite, élevé à deux coudées

mière moitié du siècle dernier, Mgr de Vaccon, qui occupait alors le siège de cette ville, voulant agrandir et régulariser le chancel, qu'un tel état de choses rendait fort incommode, fit fermer cette ouverture et mettre dans l'espace qui la précédait la tombe épiscopale. C'est dans ce sépulcre que le 24 du mois d'août de l'année écoulée, nous avons trouvé son corps revêtu encore des ornements de sa dignité. Ces nouvelles dispositions amenèrent alors, sur le devant du sanctuaire, cinq grandes marches superposées qui, partant d'un angle à l'autre des deux premiers piliers et taillées à fer à cheval, rendirent cette montée semi-circulaire et donnèrent au sanctuaire un aspect imposant.

Une étude approfondie de ces lieux semblait nous autoriser à dire et à soutenir, comme en effet nous avons dit et soutenu dès l'année dernière, page 53 de notre Notice, que non-seulement on n'arrivait pas dans la crypte par cet *Oculus*, mais encore qu'en aucun autre temps il n'y avait eu à cet endroit de descente qui y conduisît. Voyez encore la note de la page 29 du même ouvrage (1).

Aujourd'hui 13 mai 1861, des travaux entrepris dans cette partie de l'église ont pleinement justifié notre as-

du sol. *In quodam fenestra duobus cubitus a solo in altum prorrecta*, disent les vieux titres. Tout porte à croire que cette grotte est un reste de l'Amphithéâtre. Des os de taureaux, trouvés ces jours-ci en baissant le sol, semblent ajouter quelque poids à cette opinion.

(1) Tout ce que nous disons ici de l'état extérieur de la crypte, ne doit s'entendre, sauf réserves, que des siècles qui se sont écoulés depuis l'exhaussement du sol de l'église jusqu'à ce jour. Il est impossible de juger exactement quel il était avant cette époque, alors que la grotte était presque à fleur de terre. Mais il est certain que entrée de ce lieu a été en tout temps, comme elle est encore aujourd'hui, celle qui vient par la nef de droite. Il parait à peu près certain encore que dans les premiers âges l'escalier découvert ces jours-ci conduisait directement dans le plus bas souterrain.

sertion ; ils viennent de mettre à découvert cette fenêtre, ce qui a matériellement démontré, au vu et su de chacun, la non existence, à tout jamais, d'un escalier se dirigeant de là dans le souterrain. Bien plus, en continuant les fouilles, on a enfin trouvé cette descente, objet de nos investigations, fixée au pilier à gauche du sanctuaire et débouchant dans la grotte, sous un grand arceau qui va se brisant contre le mur, descente que nous supposions bien devoir exister dans cette direction, liée au même pilier, mais du côté opposé, parallèlement à cette autre dont on se sert maintenant, qui aussi ancienne que l'édifice en a toujours été l'escalier principal. Quant à celui qui vient d'être découvert, nous le croyons d'une date plus reculée encore et même la voie primitive et directe de la crypte inférieure : *l'Antrum antiquum*, laquelle voie ne sera devenue escalier de la première que plus tard. Le grand arceau qui lui sert, là, de dégagement vient à l'appui de cette proposition, laissant apercevoir des traces d'un ouvrage antérieur à son établissement.

Cependant, un examen plus réfléchi, aurait singulièrement éclairci le premier de ces problèmes ; il nous aurait montré combien notre supposition était peu fondée, car l'orifice de l'escalier, d'après cette hypothèse, se serait trouvé à ciel ouvert, la nef de gauche étant beaucoup plus récente que cette grotte. Elle fut bâtie entre les années 1303 et 1318 et celle-ci en 1065, à moins que la construction de cette nouvelle nef eut entraîné l'abandon de l'ancien escalier, devenu par suite, un embarras pour la circulation, se prolongeant trop en avant dans l'église et d'ailleurs fort rapide et étroit, et qu'il eut été remplacé, suivant notre plan, par un autre établi dans l'endroit indiqué ici. Cette allégation peut bien être exacte, mais, toutefois elle n'est présentée ici que comme simple conjecture, ce qui, pourtant, sera vérifié un jour, l'ancien autel de Ste-Anne, au fond de cette nef, ne permettant pas de le faire dans ce moment.

Quoiqu'il en soit, la découverte de cette descente jette un grand jour sur la question présente ; elle prouve d'une manière péremptoire, que dans les temps passés il n'y avait non-seulement pas d'escalier au centre de la crypte vis-à-vis la grande porte de l'église, mais ni même de fenêtre communiquant avec la nef, et celà afin, sans doute, de laisser au sanctuaire un accès plus libre et plus en harmonie avec les justes exigences du culte. Car dans le cas contraire, cette ouverture n'aurait-elle pas été naturellement l'issue par laquelle on serait descendu dans la grotte ? N'y serait-on pas arrivé d'ici ou de là, de droite ou de gauche par un passage quelconque établi dans cet espace au bout duquel se serait trouvé l'*Oculus* ? Et aurait-on relégué l'escalier à l'extrémité gauche de la montée du chancel, dans un coin, contre un pilier ? Celà est inadmissible, d'autant plus qu'avec la fenêtre et l'escalier, le sanctuaire devenait inabordable sur les deux tiers de sa longuenr; il ne lui serait plus resté qu'une seule issue dans la partie à droite ; d'autant plus encore que le style de la fenêtre découverte indique un ouvrage du milieu du 16e siècle ou à peu près. Ceci nous porterait à croire qu'on a dû l'ouvrir en 1536, époque où l'on fit remplir les arcs de la grande nef de l'église pour en consolider la voûte fortement endommagée, élever le frontispice de la porte principale, mais autre que celle d'aujourd'hui, commencée seulement le 20 avril 1718, et placer de nouvelles orgues. Le jubilé accordé par Clément VII, deux ans avant cette première date, aux fidèles, qui viendraient, à Apt, honorer les Reliques de Ste-Anne, avait procuré au Chapitre de si grandes ressources, qu'il resta 1299 florins dans la caisse du receveur, après avoir employé de très-fortes sommes à l'achat et aux réparations que nous venons d'énumérer et à d'autres encore, ajoute l'historien ; ce qui nous permet de supposer, avec un très-grand semblant de certitude, que l'ouverture dont nous cherchons l'origine était du nombre, ce qu'on aura pu faire alors afin de satisfaire à la pieuse curiosité des nombreux pélerins qui, dans cette mémorable circonstance, visitèrent le célèbre sanctuaire de notre glorieuse patronne.

Cet *Oculus* aurait donc commencé d'être en 1536, et pour les causes exprimées plus haut, il aurait été fermé vers 1750. Dans le premier cas, les abords du chancel furent établis à droite et à gauche de cette ouverture, et suivant ces dispositions, l'escalier qui vient d'être découvert condamné, si toutefois il ne l'avait pas été avant ; on se contenta d'un seul, de celui qui arrive, en contournant le pilier, dans la nef de droite, au bas de la montée de la chapelle du *Corpus Domini*, par une issue plus grande qu'elle n'est actuellement ; car c'est toujours par là que nous descendons dans la grotte.

La fermeture de cette fenêtre avait été décidée et ordonnée bien avant 1750, ce que nous apprenons d'une charte trouvée dans les archives municipales. Cet acte dit, que « lors de la reconstruction de la grande nef en 1706, les fabriciens de l'église donnèrent à prix-fait la construction à fer à cheval au lieu et place de l'escalier par où on montait alors dans le sanctuaire ». L'autorité civile y porta empêchement, se fondant sur ce que son banc ne serait plus convenablement placé pendant les sermons. Elle fit une sommation aux ouvriers, de là procès et le travail suspendu. Il ne fut repris et terminé qu'une quarantaine d'années après, l'*Oculus* fut fermé et la montée fut établie d'un pilier à l'autre en demi-cercle, telle qu'elle a été décrite en commençant.

Avant de terminer cette note, nous tenons à enregistrer encore quelques découvertes qui viennent d'être faites et qui quoique peu importantes, au premier coup-d'œil, pourraient être, néanmoins, d'une certaine utilité à ceux qui plus tard voudraient écrire l'histoire de l'église, de notre église matérielle.

Les travaux exécutés, dans ce moment, aux pieds du sanctuaire, ont mis à nu les deux premiers piliers, celui de droite et celui de gauche, jusqu'à une profondeur de quatre mètres; jusqu'à un mètre et 76 centimètres, les pierres se sont trouvées taillées avec leurs parements, présentant une surface finie et parfaitement conforme à la partie extérieure; au-dessous c'est la pierre brute placée sans règle. Ceci démontre, évidemment que cette partie des piliers enfouie aujourd'hui ne l'était pas dans le principe et qu'à cette profondeur de 1 mètre et 76 centimètres était jadis le niveau de la cathédrale de l'évêque Alphant. La crypte fut élevée par le même évêque sur les ruines de celles de St-Castor, ou de Charlemagne. N'étant alors guère plus basse que l'église, quatre marches suffirent pour y arriver, les quatre qui suivent immédiatement le palier de l'escalier qui de la nef de droite conduit dans l'intérieur du monument; lequel palier était le sol de la basilique de ce côté. Au bas de ce massif de bâtisse, fondements des piliers, et à deux mètres, on a découvert les restes d'un ancien carrelage en briques cuites, ce qui devait être le pavé des temples antérieurs à celui d'Alphant, et au-dessous de ce carrelage et de deux grands caveaux, dont nous parlerons bientôt, trois tombes en pierre de taille, d'une seule pièce chaque, couvertes par d'autres pierres en dos-d'âne aplati. L'une d'elles renfermait un corps, les os parfaitement à leur place, mais sans tête; ce qui pourrait faire remonter l'origine de ces tombes aux temps des persécutions; elles étaient à côté l'une de l'autre et égales, sauf une plus petite pour enfant. Un peu au-dessous, encore, et à droite, les ouvriers, ces jours-ci en ont trouvé une 4me faite en maçonnerie, avec un corps sans tête aussi (1). Sans doute qu'on en aurait rencontré davantage si on avait pu pousser les fouilles plus loin. Tout cela concorde à merveille avec ce que nous lisons dans le livre de M. Boze (partie civile, page 87) sur l'exhaussement du sol de la ville.

En écrivant ces lignes, notre but est de travailler pour l'histoire. Au reste, l'observation en a été déjà faite et si elle est reproduite ici, c'est que nous voulons éviter toute équivoque. Nous désirons lui fournir des documents qui pourraient lui être profitables un jour; voilà tout. Guidé par ce motif, nous poursuivrons donc, désireux d'ajouter de nouveaux éclaircissements à ceux déjà donnés sur l'état où se trouvaient dans les temps anciens, les alentours d'un édifice dont tout ce qui s'y rapporte intéresse, tellement il commande lui-même nos respects (2). Aussi avons-nous éprouvé les

(1) Nous avons vu les ossements, ils étaient à leur place naturelle, mais tellement noircis et desséchés par les siècles, qu'on peut bien dire qu'il n'y avait plus en eux que la quintessence de la matière. Les trois premiers sépulcres qui gênaient les nouvelles constructions ont été brisés par le milieu et tous les ossements refoulés dans la partie restante.

(2) La même pensée qui a inspiré le langage que nous tenons ici, nous avait fait dire, précédemment, que la vénération attachée à cet édifice, était produite par le souvenir, qu'il avait été longtemps dépositaire du corps de Ste-Anne; ce qui ne doit pas être pris à la lettre, car il y aurait contradiction en nous et avec les monuments historiques.

Les sacrés ossements trouvés dans la crypte inférieure, y sont ressentiments les plus pénibles en voyant exposés, aux regards de tous, de vastes caveaux dans lesquels étaient entassés, avec soin, les ossements de plus d'une génération, les restes de nos ayeux, et même aussi quelques cercueils assez bien conservés. Ces caveaux réduits dans leur longueur, tous les ossements devenus superflus, ont été religieusement transportés au cimetière. Dans leur déplacement on a vu pêle-mêle des morceaux d'étoffe et d'ornement qui indiquaient que ce lieu avait été aussi la sépulture du clergé, voire même du chapitre, ce que semble insinuer la position honorable des caveaux au pied du sanctuaire et leur capacité. Le Chapitre, tout le monde le sait, était composé de 25 membres, outre le prévôt qui en était le chef.

Notre âme a été douloureusement émue, encore, en voyant baisser le sol de cet antre sacré que tant de grands et de si nobles personnages avaient visité en courbant la tête, et ses antiques murs repris sous œuvre; en voyant cet escalier que les pieds de nos reli-

tés jusqu'en 1392 qu'ils furent transférés en grand solennité dans la cathédrale. Mais la vertu que ces précieuses reliques communiquèrent à ces lieux a été telle, que depuis on a parcouru les deux souterrains avec une égale révérence.

In festo translationis venerandi corporis Beatæ Annæ, M. de Remerville, *Dissertation* ch. V et X. *Histoire ecclésiastique*, liv. IV. *Episcopat* de Raymond IV Bot. Cet évêque tira les Reliques de l'endroit souterrain où elles étaient renfermées sans aucune vénération et les plaça dans une grande armoire à côté de la chapelle qu'il dédia en l'honneur de la Sainte et lui assigna une pension annuelle de 42 gros.

Raymond mourut en avril 1382. La translation eût donc lieu vers la fin du 14e siècle. Mais l'année n'est pas connue, cependant parfois M. de Remerville semble insinuer que ce fut en 1392, et même le 21 avril Octave de la fête de Pâque, date admise par nous avec une certaine réserve. Il y aurait par conséquent désaccord chez notre auteur, à moins qu'à cette dernière date se rattache la grande solennité qui accompagna la fête, d'autant plus que dans ce passage il n'est parlé d'aucune pompe

gieux ancêtres avaient profondément creusé, et ce grand arceau par lequel il communiquait dans la crypte, disparaître pour toujours; en voyant de petites voûtes jetées là en tout sens, dont plus d'une aussi ancienne que le monument, tomber sous le marteau de l'ouvrier; et cette petite porte en plein cintre qui conduisait dans la grotte inférieure par le bas côté gauche de l'édifice dont elle faisait partie intégrante, détruite à tout jamais. Sacrifice qu'on a jugé nécessaire, devant établir à cet endroit un autre ordre d'ouvrages, mais qui, pour celà, n'en a pas moins excité, au plus haut point, nos profonds regrets. Sous le poids de ces fâcheuses impressions, nous nous sommes alors rappelé et nous avons volontiers relu, comme adoucissement à notre peine, les salutaires avis que nous donne le pieux auteur de l'imitation, livre I. chap. XXIII.

« Observez-vous sur la terre comme un voyageur et « un étranger que les affaires de ce monde ne regardent « point. Conservez votre cœur libre et élevé en haut « vers Dieu, parce que nous n'avez pas ici de cité per- « manente. Adressez tous les jours au ciel vos prières, « vos gémissements et vos larmes, afin qu'après la « mort votre âme mérite de passer heureusement dans « le sein du Seigneur » exhortations dont l'opportunité se fait sentir d'une manière frappante dans le moment présent où l'on voit passer tant de choses sur lesquelles les siècles avaient glissé et où nous avons sous les yeux les ossements de tout un peuple, de nos devanciers, qui nous disent, dans un langage qui, quoique muet, ne laisse pas d'être plein d'énergie : hier nous étions ce que vous êtes ; demain, pensez-y, vous serez ce que nous sommes maintenant; ainsi, dans toutes vos actions souvenez-vous de vos fins dernières et vous ne pêcherez jamais ; car la corruption et la mort sont prêtes à fondre sur ceux qui violent les commandements du Seigneur.

In omnibus operibus tuis memorare novissima tua et in æternum non peccabis.

Tabitudo enim et mors imminent in mandatis ejus.

Ecclésiastique, chap. VII, v. 40.
id chap. XXIII, v. 7.

DU

SIÈGE ÉPISCOPAL D'APT

ET DE

La Cathédrale.

Notre travail sur les Reliques de Ste-Anne terminé, nous avons pensé pouvoir donner, à la suite, le petit Traité que nous publiâmes, il y aura bientôt deux ans, par l'organe du *Mercure Aptésien*. Les considérations auxquelles nous nous livrions dans cet écrit nous furent alors suggérées par une Notice sur l'établissement de notre siège épiscopal, la fondation de l'église cathédrale et la non existence ici d'un Amphithéâtre. Questions fort graves, quant aux deux premières ; elles embrassent les points les plus importants de notre histoire ecclésiastique. Les propositions émises dans cet article ne nous parurent pas être d'une rigoureuse exactitude; ainsi nous crûmes dans l'intérêt de la vérité devoir chercher à rétablir les faits tels qu'une saine tradition les a constamment enseignés. Il y a par conséquent entre ce travail et celui que nous venons d'achever une sorte de liaison; ils émanent tous les deux de la même source; il s'agit, ici comme là, de ce que nos annales religieuses présentent de plus capital; ils peuvent donc marcher l'un à côté de l'autre.

Nous regrettons, seulement, de n'être pas entré dans de plus longs développements. Le sujet l'aurait demandé, sans doute; mais une simple notice ne semblait pas exiger une réponse trop étendue, et de plus le cadre d'un journal ne l'aurait pas permis.

Nous trouvons dans un écrit périodique publié sous le titre de *Revue des Bibliothèques Paroissiales de la province ecclésiastique d'Avignon*, une Notice historique et archéologique sur l'ancienne cathédrale d'Apt, qui contrarie les traditions religieuses de cette ville sur l'établissement du siège, dépouille l'église du caractère de vénération imprimé sur ses murs sacrés par un grand nombre de siècles, et ravit, en passant, à l'antique cité un de ses plus beaux monuments. Dès-lors, on a cru qu'il importait de conserver tout entier, sans altération, à un pays qui nous est cher à bien des titres, un héritage très-glorieux pour lui sous les deux premiers rapports; c'est ce qu'on va s'efforcer de faire ici.

La fondation de l'église d'Apt, dit cet écrit, *remonte à la plus haute antiquité; elle fut pri-*

mitivement bâtie avec les pierres d'un théâtre et non d'un amphithéâtre.

D'abord, les premiers chrétiens, quelque fut leur nombre dans le temps que le paganisme était tout-puissant (puissance qui leur fut si souvent funeste) n'ont pu avoir assez d'autorité pour renverser un monument de grande importance destiné aux jeux publics, qui, comme tout le monde le sait, faisaient chez les païens partie de leur religion ; il y aurait eu là un acte d'une dangereuse témérité. Ce temple élevé vers l'an 260 par nos ancêtres avec des matériaux ordinaires sur les débris d'une petite chapelle consacrée à la Vierge par St-Auspice, notre premier évêque (1), eut le sort de

(1) *Histoire manuscrite* de M. de Remerville.

St-Auspice éleva cet oratoire en l'honneur de la mè e de Dieu ; pour qu'elle bénit son apostolat et afin de remplir les fonctions de son ministère avec plus de dignité aussi ; ce qui a fait croire, dans la suite, qu'il avait été le fondateur de notre église cathédrale également consacrée à Marie. Cette conformité de titres a contribué à établir cette erreur, que M. Legrand a reproduite dans son livre : *Sepulcre de Mad. Ste-Anne.* On a même ajouté que le Saint avait célébré la messe dans la crypte. Il est vrai, M. Rose dit (*Études historiques*, page 207) qu'il avait offert le saint sacrifice sur l'autel que l'on y voit encore aujourd'hui, ce qui démontrerait que celui de l'oratoire aurait été transporté là, dans la suite des temps, mais aucune preuve ne vient à l'appui de cette assertion, qui nous paraît un peu hasardée. Nous ne trouvons, en effet, rien dans M. de Remerville et M. Boze qui la confirme ; d'autant plus que les autels, du moins en Occident, ne sont en pierre, généralement parlant, que depuis le Concile d'Epague tenu en 509 Ils étaient creux, formés d'une simple table, dit Fonseca, soutenus sur le devant par deux petits pilastres ; on plaçait dessous les ossements des martyrs. Avant cette époque, ils étaient en bois (S. Optat l. 6. C. 14; St-Augustin, ép. 50 ad Bonif. p. 84 ; St-Athanase, ep. ad solit. tome I, p. 857). L'autel de la crypte ne paraît réunir aucune de ces conditions ; il n'est donc pas comme autel d'une aussi haute antiquité.

tous les autres répandus dans le monde; il fut renversé suivant l'édit de Dioclétien, donné à Ni-

C'est un monument romain portant cette inscription, donnée par M. de Remerville et telle qu'elle était de son temps; depuis la vétusté a rongé plusieurs lettres dans le bas.

T. CAMMULLIO
T. FIL. VOLT. AEMI-
LIANO FLAMINI.
IIII VIRO.
COL. JUL APT.
ORDO. A. SIUM.
E. C. TA.
IN ORE CON.
IM. EMI. DIVUS
R. AL.

L'Amphithéâtre et le prétoire, dit le même auteur, dans son *Histoire ecclésiastique*, liv. I, occupaient le lieu où est la cathédrale actuellement et un grand espace tout autour; il n'y avait guère que les grandes villes, on le sait, qui possédassent des monuments d'une aussi haute importance. Qui donc, ici, aurait osé en tenter la démolition. en présence de l'autorité civile, et alors que la religion de l'État, qui les avait sous sa sauvegarde, était encore dans toute sa force, ainsi que nous le voyons par l'histoire du martyre de notre Saint, pour élever à la place un temple à un Dieu dont les sectateurs ont été poursuivis et traqués pendant près de deux siècles, encore, comme ennemis de la chose publique?

Une autre considération qui n'est pas moins concluante, c'est que les premiers chrétiens n'ont point eu des lieux publics de réunion pendant environ deux cents ans; ils s'assemblaient dans les catacombes et dans des maisons particulières où étaient des appartements destinés à cela, que l'on appelait *oratoires*, et *titres*, les signes qui désignaient ces maisons. Ce n'est guère que sous Alexandre Sévère, Philippe et Gallien qu'ils ont pu bâtir librement des temples.

Sans doute St-Auspice a pu dire la messe dans les souterrains de l'Amphithéâtre, comme l'insinuait dernièrement un prêtre, archéologue de grand mérite. Mais de là, peut on en déduire qu'il l'a dite dans la crypte qui n'a été construite que trois cents ans après, en supposant que St-Castor en a été le premier fondateur, et neuf cent cinquante, si c'est l'évêque Alphant. Et puis serait-il permis de croire que, sur le vaste périmètre devenu libre par la destruction de l'Amphithéâtre et du prétoire, on ait bâti cette crypte juste à l'endroit où le Saint aurait célébré les Saints mystères, lorsqu'on ne connaissait pas même le lieu où son corps fut d'abord inhumé, si peu

comédie, le 24 février 303. Reconstruit, après le triomphe de l'église sur l'idolâtrie, par St-Castor, on employa dans cette circonstance seulement les pierres d'un amphithéâtre qu'un zèle ardent pour

son histoire et qu'on fait les actes de sa vie enveloppés de tant d'obscurité !

M. Boze, (*Histoire de l'Église d'Apt, p.* 5) ne veut pas même, pour les motifs exposés plus haut, qu'on ait employé les matériaux de l'Amphithéâtre à la construction de la première cathédrale élevée en 260. Il dit qu'il a été démoli plus tard et que les reliques de Ste-Anne ne furent déposées dans la grotte que dans le 4me siècle (id p. 6). M. de Remerville entre dans plus de détails et ajoute « que la piété crédule, avait bâti, sur tout cela, des fables qu'il ne daigne pas même rapporter. »

Encore un mot, avant de clore cette note : lors de l'ouverture de la châsse de Ste-Anne, il y a, nous croyons, 24 ans, on ouvrit aussi les caisses renfermant les Reliques des autres Saints ; ce que nous avons omis de dire à la page 23 où nous exprimons le reg. et que dans un acte aussi important la Fabrique n'ait pas été prévenue et appelée. Un médecin distingué, M. le docteur Camille Bernard, aujourd'hui Maire de la ville, étant là présent, reconnut que le pied de St-Auspice avait été coupé au-dessus de la cheville et que l'os de la jambe présentait un commencement de cicatrice. Ce qui démontre clairement, comme il est dit dans les légendes, que le Saint survécut de quelques jours aux affreux tourments qu'il avait si glorieusement endurés. Environ 164 ans avant, c'est-à-dire vers l'an 1673, Mgr de Gaillard faisant le transfert des ossements du même Saint, de la caisse en bois de cyprès où ils étaient pour les mettre dans un coffre d'argent, plusieurs personnes remarquèrent alors que le pied droit avait été retranché par incision de la jambe. Nous savons par M. Boze que la même remarque avait été faite lors de l'inventaire de 1602. Témoignages qu'il importait de consigner ici, car ils confirment pleinement la vérité de l'histoire.

Un cas à peu près identique s'est présenté à Saintes. St-Grégoire de Tours nous apprend dans le *premier livre de son ouvrage de la gloire des martyrs*, que l'on ne sut par quel genre de mort St-Eutrope, le premier évêque de la ville, avait terminé sa vie, qu'aux fractures trouvées sur son crâne à l'occasion d'une translation de ce saint corps faite longtemps après son martyre. Ici une circonstance fort ordinaire découvre une chose restée inconnue pendant longues années ; chez nous la vérification d'un fait certifie la sincérité du récit traditionel.

la religion permit de démolir sans inconvénient, et non celles d'un théâtre comme l'exprime la Notice. Les historiens locaux affirment (1) ; voilà des titres. Quels sont ceux qu'on leur oppose ? de simples conjectures qui ne peuvent être admises ; la Notice n'est donc pas recevable à nier. Elle compte avec trop de sécurité, et probablement sans examen, sur une autorité étrangère et mal instruite. Vous accordez l'un, pourquoi refuser l'autre ? Les amphithéâtres, dites-vous, n'étaient élevés que dans les villes principales ; oui, d'accord ! et c'est là la seule raison que semble donner Papon, l'historien de Provence, invoqué sans doute ici pour démontrer qu'il n'y avait pas d'amphithéâtre à Apt. Mais, avant tout, l'auteur devait prouver que notre ville était alors peu considérable et ne pas se contenter de l'insinuer ; ce qu'il ne pouvait faire sans se contredire ; car dans le premier volume de son ouvrage, il dit, à la page 219, *Apt a des titres assez honorables de son ancienne grandeur....*

Cette cité était donc importante dans ces temps reculés ; en effet, Vienne, Lyon, Aix, Avignon, n'existaient point encore, qu'elle occupait déjà une place distinguée dans cette partie des Gaules, connue plus tard sous le nom de Seconde Narbonnaise (2) ; ensuite sous la domination romaine, elle marchait de pair avec Arles, sur laquelle elle l'em-

(1) *La mission de St-Auspice*, par Marmet de Valcroissant, pag. 16. — *Sépulcre de Madame Ste-Anne*, par Legrand. — *Histoire d'Apt*, par M. Boze, pag. 62. — *Études historiques*, par M. Rose, pag. 36.

(2) *Histoire manuscrite*, par M. de Remerville.

portait par son antiquité, et même à une époque, le prétoire fut transféré de cette dernière ville à Apt (1). Pourquoi donc chercher à lui enlever ce qu'on accorde aux autres du même rang? Au reste, la chose est certaine ; car dans différentes occasions, on a possédé des preuves non douteuses de l'existence de ce monument, reconnues par un des plus habiles architectes du royaume (2).

Appuyée sur le sentiment de St-Grégoire de Tours et de Sulpice Sévère, qui ne laissent pas, malgré leurs grands noms, d'être parfois inexacts et sans critique (3), dont l'opinion sur la publication de l'Évangile dans le midi de la Gaule, a été purement acceptée par le Père Longueval, et avec quelques modifications plus défavorables encore par l'abbé Papon, la Notice met la venue de St-Auspice à Apt dans le 3e siècle. Il y a de la marge, on le voit.

Nous disons d'abord : qu'un des principes gé-

(1) *Histoire d'Apt*, par M. Boze, pag. 73.

(2) *Mission de St-Auspice*, par Marmet de Valcroissant, pag. 16. M. Legrand, *Sépulcre de Madame Ste-Anne*.

(3) St-Grégoire de Tours compte St-Denis, premier évêque de Paris, parmi les sept évêques envoyés de Rome sous Dèce (250), et il ne cite aucune autorité pour celà ; au contraire, Fortunat, évêque de Poitiers et contemporain de Grégoire, dit expressément que St-Denis fut envoyé par le pape St-Clément; *Histoire de l'Église universelle*, par Rohrbacher, tom. 4, p. 487. Sulpice Sévère n'a pas en vue la province Narbonnaise, lorsqu'il parle de la publication de l'évangile dans les Gaules; elle en était alors séparée et formait un état particulier, composé de cinq vastes départements. C'est donc à tort que l'on invoque son autorité contre ce que nous apprend la tradition sur l'établissement des sièges épiscopaux de nos églises.

Un passage de cet auteur, mal lu à cause des abreviations alors en usage, a donné lieu à cette méprise.

néraux qui servent de règle ponr l'examen d'un fait historique est celui-ci :

Il est pour ainsi dire du droit des gens et de la foi publique de s'en rapporter, à chaque pays, à chaque peuple, à chaque république, à chaque ville, pour ce qui concerne son histoire, ses droits, ses prétentions ; car qui peut mieux le savoir et qui a plus d'intérêt à les conserver ?

Et cet autre — pour détruire un fait avancé par les historiens du pays, fondé sur une possession paisible d'une tradition—immémoriale d'un grand nombre de siècles, pour détruire un fait de cette nature, il faut des preuves plus que communes; il faut des démonstrations historiques, une autorité autre que celle à laquelle on a recours ici ; faites l'application de ces règles à ce qui a été dit de l'amphithéâtre. Et encore, une croyance qui s'est propagée à travers les temps, a vraisemblablement sa raison d'être ; un fait historique surtout en matière religieuse ne s'invente pas à plaisir.

Or, la tradition de l'Église d'Apt n'a jamais varié sur l'époque de l'établissement du siège pontifical de cette ville ; on a toujours cru d'âge en âge que St-Auspice, le même dont il est parlé dans l'office des Saints Nérée et Achilée, et disciple du pape St-Clément, martyr, vers l'an 102, en a été le fondateur.

C'est ainsi qu'on le publia lorsque le corps du bienheureux apôtre de ces contrées eut été découvert, comme nous l'apprenons du procès-verbal de cette découverte, d'un ancien martyrologe, titres écrits vers le milieu du 8e siècle et du cartulaire de notre église dressé en 1125. Toutes ces pièces avaient été vues et consultées par M. de Remerville et par l'auteur de l'Historiographie de tous les diocèses de l'église latine (1) ; plusieurs bréviaires, vieux manuscrits, vérifiés par nous, certifient de cette vérité. On peut voir encore la *Chronologie des Pontifes*, par Carrières, l'*Histoire inédite* du même M. de Remerville, qui donne un extrait de la vie de nos Saints Patrons, par le savant Raymond Bot, évêque d'Apt en 1275, qu'il traduisit en latin, n'étant encore que chanoine, de très-anciens cahiers en langue vulgaire, la *Mission de St-Auspice*, par Marmet de Valcroissant, le *Sépulcre de Madame Ste-Anne*, par Legrand, l'*Histoire généalogique de la maison de Simiane*, par le Père Dominique Robert, page 2 ; sur le buste en vermeil du Saint, de l'an 1364, qui nous a été enlevé par la révolution, était une inscription rapportant ce fait. Dom Polycarpe de la Rivière, chartreux très-savant dans l'antiquité, assure dans ses Mémoires, qu'il est fait mention, dans un ancien manuscrit, tiré des archives d'Avignon, de Léonius, évêque d'Apt et martyr en 250 sous Croccus, roi des Allemands. Et, dans le martyrologe Gallican, en l'année 203, on voit encore Théodoric, martyr aussi, dont notre église a fait longtemps la fête. Les évêques des deux provinces Narbonnaises du cinquième siècle, bien mieux ins-

(1) Par le Père François-Jacques, p. 153.

truits de l'ancien état de leurs églises que St-Grégoire de Tours et Sulpice Sévère, en rapportent l'établissement au temps des apôtres, dans une lettre qu'ils écrivirent au pape St-Léon (1).

Il est encore utile de faire observer que l'historien de Provence attaque le point traditionnel que nous défendons avec une sorte de timidité. Il dit : *Je ne crois pas qu'on puisse mettre l'épiscopat de St-Auspice avant la fin du IVe siècle*, tome Ier, page 221. Certes, ce n'est pas par *un je ne crois pas* qu'on détruit un fait cru depuis des siècles et attesté par un grand nombre d'auteurs respectables ; et ailleurs il ajoute : *les persécutions des Empereurs suspendirent en Provence les progrès de la religion dans les deux premiers siècles* ; donc, que dans le premier il y avait là des chrétiens et par conséquent des évêques, car il fait remarquer que les *premiers fidèles ne s'exposaient pas à vivre au milieu des payens sans avoir des pasteurs*, Ier vol., pag. 573-574.

D'après Eusèbe, Tertullien et plusieurs autres Pères, la foi avait été prêchée dans la Grande-Bretagne du temps des Apôtres. St-Lucius, roi dans cette contrée, vivait en 182, sous le pape Eleuthère (2), l'Espagne fut évangélisée par St-Jacques le majeur (3) les Gaules par St-Trophime, d'Ar-

(1) Cette lettre est de l'année 451 ; Asclépius était alors évêque d'Apt.

(2) *Révolutions d'Angleterre*, par le P. d'Orléans, 1er vol. page 4.

(3) *Chronologie* de Génébrard, livre III ; *Histoire d'Espagne*, par Jean de Férreras, traduction de M. d'Hermilly, 1er vol. p. 175 et suivantes.

les, Paul, de Narbonne, Martial, de Limoges, Austremoine, de Clermont, Gratien, de Tours, et Valère, de Trèves, envoyés avec d'autres missionnaires par St-Pierre sous l'empereur Claude. Le pape St-Clément, troisième successeur de St-Pierre, envoya St-Denis, premier évêque de Paris (1), St-Eutrope, de Saintes (2). Les sièges de Lyon, de Vienne, de Besançon ont été fondés dans les premières années du 2me siècle. Et on veut priver la ville d'Apt de cet avantage, on lui dispute cet honneur ; on méconnait même ses titres ! Elle, placée au pied des Alpes, plus rapprochée de Rome, importante par sa position et le nombre de ses habitants ?

On sait que sur la fin du 17me siècle et sur l'autorité de Launoy, docteur suspect et téméraire, un certain nombre d'écrivains plus ou moins infectés de Jansénisme, se faisant les échos les uns des autres, avancèrent et soutinrent que cette ancienne et commune tradition sur la première introduction du Christianisme dans les Gaules était fausse et inventée dans le 10me siècle. Des catholiques, sans y regarder de plus près, répétèrent ce qu'ils avaient entendu dire ; ce qui devint l'opinion dominante en France. Ste-Marie-Magdeleine ne resta plus la même ; elle fut divisée en trois personnes ;

(1) Voyez l'*Histoire de l'église universelle*, par l'abbé Rohrbacher ; vol. 4e, id. par Darras, t. I. p. 41.

(2) Voyez St-Grégoire de Tours ; dans son livre des miracles, liv. I. chap. 16. il détruit ce qu'il avait avancé dans son Histoire des Français et il anéantit l'opinion de Sulpice Sévère ; il confond aussi Paulin de Périgueux avec St-Paulin de Nole.

l'arrivée de Lazare et de ses sœurs fut déclarée non avenue et la mission des sept premiers évêques retardée de deux siècles ; le tout parce que c'était l'avis de Launoy et de ses pareils qui marchaient plus ou moins sur les traces de Luther et de Calvin.

Cependant l'église romaine dans son breviaire et dans son missel, et dans son martyrologe et dans ses écrivains les plus approuvés, conservait l'ancienne tradition, d'ailleurs si honorable pour notre patrie.

De nos jours, un prêtre français, l'abbé Faillon, vient de démontrer, par une foule de monuments inédits ou peu connus, que l'église romaine avait raison (1), et le père Honoré de Ste-Marie, le plus judicieux des critiques modernes, fait voir, en général, que les certains auteurs se sont tracé bien souvent des règles à plaisir et qu'on fera très-bien de revenir sur plusieurs de leurs jugements.

Sous l'Empire d'Alexandre Sévère, de Philippe et de Gallien, c'est-à-dire de l'an 222 à 225, 244 à 249, 260 à 268, les chrétiens eurent la liberté de bâtir des églises dans les villes et à la campagne. Cette liberté leur fut bientôt enlevée par Aurélien qui suscita la 9me persécution générale. Notre cathédrale a été construite à une de ces époques (2), ce qui suppose un troupeau fort nom-

(1) Voyez l'*Histoire universelle de l'église catholique*, par l'abbé Rohrbacher, tome 4e p. 480 et suivantes (Paris 1852). M. de Remerville, *Histoire ecclésiastique*, livre I

(2) Sous Gallien, d'après M. de Remerville.

breux ; ce qu'on ne pourrait pas trop accorder si St-Auspice n'était venu annoncer la foi que dans ce temps.

Démolie par ordre de Dioclétien et rebâtie par St-Castor (St-Castor mourut au mois de septembre 419) sur l'emplacement et avec les pierres de l'Amphithéâtre, comme il a été démontré, cette église fut encore détruite ainsi que la ville en 574 par les Lombards et les Saxons ; rétablie de nouveau vers le commencement du 8me siècle, elle fut de nouveau renversée en 731 sous Charles Martel par les Sarrasins, et en 859 par les mêmes peuples qui saccagèrent la ville à plusieurs reprises, laquelle relevée de ses ruines, le siège fut transféré dans une autre église érigée en cathédrale (1) en 976, la trentième année du règne de Conrad dit le Pacifique ; et ce ne fut que vers l'an 1065 que l'évêque Alphant fit travailler à la réédification de l'ancienne. Rostain et Guillaume, fils de Humbert, de la famille de Bertillon frère de Hugues, roi d'Italie, tiges des maisons d'Agoult, de Simiane et de Pontevès, donnèrent pour cette bonne œuvre plusieurs églises et le terrain nécessaire à son agrandissement et autorisèrent toutes les donations que d'autres pourraient faire (2) ; ce qui suppose une grande puissance. C'est alors que fut construite la crypte supérieure de Ste-Anne.

(1) C'était l'église de St-Pierre dite aussi des dix milles martyrs. La fabrique conserve encore le livre de chant de cette église ; il est de l'an 1000.

(2) Histoire manuscrite de M. de Remerville.

La branche de Pontevès, dont il est ici question, finit dans les premières années du 13e siècle à une fille seule héritière de cette famille; elle entra dans celle d'Agoult par son mariage avec le fils d'Isnard d'Entrevênes, baron de Sault, et laissa tout son bien à Foulque d'Agoult, son fils, à condition qu'il porterait son nom. C'est de là que sont sortis tous les de Pontevès.

La cathédrale, telle qu'elle fut bâtie alors, n'avait que deux nefs; la notice lui en donne trois, et même comme elle l'avoue, celle du *Corpus Domini* parait être un reste de l'ancien édifice (1). Elle ne formait pas non plus la croix latine, l'escalier qui monte au clocher en détruit l'harmonie, et c'en est une preuve irréfragable. Outre ce, il contribue à enlever au culte une chapelle fort belle où l'on arrivait par le bas côté de l'église; cette communication cessant, elle a cessé aussi de faire partie intégrante de la cathédrale. Elle appartenait, quant à la portion ogivale, à la famille Beissan (2) où elle avait son tombeau dans l'embrasure de la porte qui conduit au *Rosaire*. Nous avons vu nous là, dans la grande niche pratiquée dans l'épaisseur du mur à 3 mètres du sol, une statue équestre re-

(1) Les premières basiliques chrétiennes gardaient la Ste-Eucharistie en réserve dans l'abside de la nef à droite ornée d'*Oculus* ou petites fenêtres avec grille ou barraux de fer croisés prenant jour dans le cimetière, afin que les fidèles pussent adorer extérieurement le St-Sacrement. *Revue de l'Art chrétien*, 1858.

Ce point de discipline s'est perpétué à Apt, jusqu'à nous, depuis quatorze cents ans; les *oculus* ont disparu par la construction de la maison adjacente d'un côté et de l'autre ils ont été murés.

(2) *Histoire d'Apt*, page 208.

présentant un chevalier de la maison, qui est disparue depuis sans qu'on sache ce qu'elle est devenue. Cette perte est fort regrettable. Le reste de cette chapelle est en plein cintre et d'une date beaucoup plus ancienne et formait, suivant la notice, un des bras de la croix et le *Corpus Domini* sa partie correspondante, l'autre. Mais outre l'irrégularité produite par l'escalier du clocher et déjà signalée, il n'y a pas, dans les deux, uniformité de construction; elles n'ont donc pu concourir l'une et l'autre à former une croix.

Sur l'emplacement de la sacristie était une seconde chapelle de l'ordre gothique aussi, à en juger par les vestiges qui existent. Nous pensons que c'est là celle que fit bâtir en 1424 Louise de Beauvau, baronne de Sault, en l'honneur de Ste-Anne dont le corps avait été retiré de la grotte souterraine depuis environ trente-deux ans (1) pour la plus grande commodité des pélerins dont le concours était déjà très-important. Toute cette partie de l'église servait de *Trésorerie* au Chapitre.

(1) M. de Remerville, *Dissertation sur les reliques de Ste-Anne*, l'auteur nous laisse dans l'incertitude sur l'année précise de cette translation; de plus il tombe même en contradiction. D'un côté, il l'attribue à Raymond Bot, mort en 1382 et il dit de l'autre, qu'elle se fit vers l'an 1392; il paraît, toutefois, s'attacher de préférence, à cette dernière date, qui est aussi celle que nous avons suivie. Un tel défaut d'attention ne se comprend pas chez un écrivain de ce mérite; aussi avons-nous cherché à faire concorder les deux versions dans la note de la page 178. Notre pensée n'étant pas, là, assez nettement exprimée, nous ferons observer que ce transfert a bien pu avoir lieu en 1382, mais que la grande solennité qui l'accompagna, dut être probablement retardée de quelques années, par la construction de la chapelle dédiée à la Sainte, ou par les guerres civiles qui dans ce temps agitèrent la Provence et notre ville surtout.

Les nobles et anciennes familles des Isoard et des Bot unies par des liens de parenté firent élever à leur frais entre 1303 et 1318 la nef de gauche de la cathédrale. On y voit encore la croix tréflée de leurs armes (1) et Mgr de Foresta, un des plus illustres évêques de son temps, reconstruisit dans les années 1706 et 1707 la grande voûte de la nef principale qui tombait en ruine, lui donna plus d'élévation, une forme moderne qui tient de l'ogive et du roman, réunissant ainsi les deux ordres qui constituent l'édifice et qu'elle a l'un à sa droite et l'autre à sa gauche ; il fit aussi élever en 1709 le chœur qui couronne si noblement tout l'ouvrage et rendit l'église, dit M. de Remerville, de très-sombre qu'elle était auparavant, plus riante et plus régulière. Eh bien ! ces hommes dont notre ville s'honore à tant de titres, n'auraient été ici que des barbares en quelque manière !! Tous auraient contribué à défigurer le génie chrétien en donnant au monument cet air de majesté qu'il a : il ne posséderait plus aujourd'hui le type religieux qui est le plus bel ornement de nos temples; il n'y aurait plus là qu'une inspiration du paganisme ! Quand même ! Les premiers chrétiens n'ont-ils pas imité dans la construction de leurs basiliques l'architecture des païens ! Leurs temples n'ont-ils

Guidé par les mêmes motifs, nous dirons, encore, que la petite porte en plein cintre, dont il est parlé à la page 179, qui de la grotte supérieure conduisait, tout récemment, au tombeau de Ste-Anne, était à gauche au bas de l'escalier venant de la nef du *Corpus Domini*.

(1) *Histoire de l'Église d'Apt*, page 415.

pas été changés souvent en églises et les richesses de l'Égypte ne servirent-elles pas à l'érection du Tabernacle ?

A une certaine époque on a trop méprisé les objets d'art laissés par les premiers siècles du moyen-âge ; maintenant on les apprécie outre mesure. De l'oubli on est allé jusqu'à les considérer comme des chefs-d'œuvre qu'aucun autre temps paraissait ne pouvoir reproduire. Ainsi de la modération, jamais ! —*in medio virtus*. Ce qui surprend d'autant plus que le style roman avec son caractère pesant, ses lourdes masses et ses arcades souvent basses, semble écraser l'homme ; il le rapetisse et sa figure sombre et mélancolique l'attriste, tandis que l'ogival par ses formes légères et hardies, par ses voûtes élancées et gracieuses l'élève, l'ennoblit et porte ses pensées vers le ciel. Ce langage pourra faire sourire de pitié, je le sais, car je vais contre le courant des idées dominantes ; soit ! Et je dirai encore : qu'importe après tout que nos temples soient construits de telle manière ou de telle autre, qu'ils soient de forme gothique ou de forme bizantine, ou même mixte, (1) ou bien encore anciens ou modernes ? Mais il importe que la foi, toujours accompagnée des œuvres, se conserve pure et sans tâche parmi les peuples, car le temple est fait pour l'homme et non l'homme pour le temple, et le

(1) L'Église du St-Sépulcre, à Jérusalem, une des premières du monde, est un mélange de divers genres d'architecture. *Souvenirs d'Orient*. Louis Bunel, page 110.

mieux achevé et le plus beau sera sans nul doute celui qui contribuera le plus à le guider et à le conserver dans cette voie et à produire la plus grande harmonie possible entre la créature et le créateur. Là est la vraie gloire de Dieu ; là sont les vrais intérêts de l'homme ; ainsi tout autre but dans la construction, les réparations, les embellissements de nos églises serait un acte coupable et criminel.

Notre cathédrale, qui comme il a été dit, ne possédait autrefois que deux nefs moins étendues qu'elles ne le sont actuellement, dont la plus grande était occupée jusque vers le milieu par une tribune disparate (1) et qui n'a jamais formé de croix latine, était, d'après la notice, comme de l'or pur et rivalisait presque avec les merveilles du Parthénon ; elle ressemblait à un splendide manteau royal tissu d'or et de pourpre !!!

Aujourd'hui deux illustres familles en faisant élever par leurs libéralités une nef presque tout entière et régularisant ainsi le monument, le zèle éclairé d'un grand prélat qui donne à tout l'édifice par la construction d'une abside vaste et majestueuse (2) et l'élévation de la voûte principale, un aspect qui saisit quand on entre, n'ont fait qu'un acte de barbarie et ont contribué à changer l'or en vil plomb !!!

(1) Il y avait encore une autre tribune, entre le premier pilier du sanctuaire du côté de l'Église et la Chaire, où les magistrats se mettaient anciennement.

(2) Elle fut prise dans l'enfoncement de quelques maisons joignantes qu'on démolit. — M. de Remerville.

Quoique la situation des temples n'ait pas été parfaitement uniforme, il y avait cependant certaines règles qu'on suivait ordinairement. D'après les historiens Diodore de Sicile, Porphire (1) et autres, les temples en Egypte, en Syrie et toutes ces contrées avaient leurs ouvertures tournées à l'Orient, et ceux qui priaient regardaient l'Occident. Dans ces pays les Chrétiens bâtirent les églises de la même manière, observant les mêmes règles d'architecture et se conformèrent à ce qui avait été pratiqué dans la construction du fameux temple de Jérusalem, dont l'entrée royale était à l'Orient. Suivant Eusèbe (2) l'Église de Tyr bâtie en 313 était dans cette direction, ainsi que celle d'Antioche, et elles servirent de modèle à une infinité d'autres.

Mais en Occident c'était tout l'opposé. D'après Vitruve (3) l'entrée du temple devait être au couchant. Cette disposition parait dans nos anciennes cathédrales qui presque toutes sont tournées du côté de l'Orient ayant leurs portes principales à l'Occident, de sorte que celui qui prie regarde l'Orient. Cette manière de construire était fondée d'abord sur les usages et les règles reçues et ensuite sur ce que les premiers Chrétiens priaient le plus souvent le visage tourné de ce côté, emblème de l'espérance qu'ils avaient de ressusciter avec Jésus-Christ, et aussi parce que,

(1) Diodore, L. 1. Porphire, L. III.
(2) Eusèbe, *Hist. ecclés.*, L. X, c. 4.
(3) Vitruve, de *Architecturâ*, L. 4, c. 5.

fait observer le grand St-Bazile, dans cette direction était l'*Eden*, le paradis terrestre, le berceau de nos premiers parents (1); il y avait même parmi les payens une croyance générale que de l'Orient devait sortir un conquérant qui subjuguerait le monde entier; l'historien Tacite, Suétone et Virgile expriment cette pensée.

L'Église d'Apt est parfaitement dans cette situation; le prêtre donc qui offrait le saint sacrifice ne devait pas avoir la figure tournée vers le peuple, comme nous le dit la notice, d'autant plus que l'autel touchait presque au mur de l'abside, et la construction du chœur, ajoute M. de Remerville, le rendit isolé et à la romaine (2); il aurait blessé ensuite une coutume universellement suivie. Coutume si bien établie que dans les sépultures mêmes, les premiers Chrétiens enterraient leurs morts regardant l'Orient. Cette pratique est encore en usage dans certaines circonstances. De plus, le chancel ou sanctuaire étant fermé par une grille et un rideau qui dérobaient la vue d'une partie du sacrifice, on ne comprend guère pourquoi le prêtre se serait tourné du côté du peuple et n'aurait pas été soumis à la règle commune. Ici, du moins, la position de l'autel, nous venons de le dire, ne permet pas d'admettre le contraire.

Dans la primitive église, les autels étaient en bois; ils ne sont en pierre dans nos contrées à peu

(1) Vie de St-Bazile, par Godefroy Hermant, t. II, chap. V, L. XI, page 406.

(2) Cet auteur vivait à l'époque de cette transformation de l'église.

près que depuis le Concile d'Epaône tenu le 6 septembre 509 (1) qui en fit un canon particulier. De plus dans l'irruption des barbares et la désolation de l'Empire Romain on avait perdu l'art de sculpter le marbre, s'il faut en croire un auteur célèbre; il n'aurait reparu en Europe, toujours suivant le même écrivain, que sur la fin du 14me siècle (2). Ainsi, l'ancien autel que nous avons pourrait être de cette dernière époque, si toutefois le style de l'architecture permet de le supposer, ou bien du 6me siècle, si on aime mieux, mais sans oublier qu'en 574 la ville et l'église furent ruinées, comme on sait, par les Lombards et les Saxons, et n'ont été reconstruites, celle-ci surtout, qu'environ cent cinquante ans après. La première hypothèse ne semble pas être hors de vraisemblance quand on considère avec soin la délicatesse et le fini du travail (3); ce qui rend la seconde d'autant moins certaine, les arts étant en Occident, si non perdus, du moins en décadence, déjà depuis longtemps. Mais à coup sûr, il n'est pas de la primitive cathédrale, ni même de l'édifice de St-Castor, comme voudrait nous le persuader l'écrit que nous réfutons. L'auteur aurait été peut-être plus heureux s'il l'avait attribué à l'évêque Alphant, se trouvant être d'un ordre identique avec la coupole du sanctuaire et surtout avec les galeries du clocher: ce qui mérite beaucoup d'être

(1) Voyez la Chronologie des Conciles.

(2) Godescard, 17 juillet; voyez la note, Paris : 1848.

(3) On sait qu'on doit au séjour des Papes à Avignon le retour des beaux-arts dans nos villes.

pris en considération. Cet autel est un tombeau oblong avec portiques et colonnettes artistement ciselés, et bien certainement un des plus beaux et des plus anciens monuments de ce genre qui existent en France. La pierre qui le couvre est légèrement creuse ; le trône de l'évêque et les sièges des chanoines étaient rangés autour en demi-cercle ; delà, l'abside.

TABLE.

ERRATA.

Page 6, ligne 4 : toujours ignorée , *lisez* toujours ignorées.

12, note, ligne 8 : le rit solennel qui y était, *lisez* le rit qui y était.

16, ligne 20 : leur vœu, *lisez* leurs vœux.

22, ligne 27 : les monastères cherchent, s'empressent à se procurer, *lisez* les monastères cherchent à se procurer.

28, ligne 12 de la note : St. Justin et St. Largus, *lisez* St. Justus et St. Largus.

30, ligne 5 de la note : voyez la note *Fabiola*, *mettez* un point et virgule après note.

33, ligne 5 : à la fin de ce mémoire, *lisez* à la fin de la première partie de ce mémoire.

36, ligne 5 de la note : citoyens de la ville, *lisez* citoyen de la ville.

37, ligne 16 : dans les premières années, *lisez* des premières années.

63, ligne 16 : faits particulier, *lisez* faits particuliers.

76, ligne 4 : dont l'une contient des débris de ses reliques et l'autre son voile, elles sont toutes toutes deux scellées : *lisez* dont l'une contenant les debris de ses reliques et l'autre son voile; elles étaient et sont encore toutes deux scellées.

78, ligne 17 : ce précieux trésor, *lisez* ce trésor.

86, ligne 2 de la note, supprimez les mots : avec tant de générosité.

97, *Ex-voto* (1759), ligne 4, cette faveur reçue : *lisez* la faveur demandée, reçue.

104, dernière ligne : personnes portées, *lisez* personnes postées.

118, dernier vers de la quatrième strophe, *difugient* : lisez *difugiunt.*

121, *lectio V*, ligne 15 : *denariis* lisez *donariis.*

134, ligne 11 : deux cents après, *lisez* deux cents ans après.

136, ligne 6 : les précieux restes, *lisez* les précieux ossements.

172. ligne 5 de la note (1) : que entrée, *lisez* que l'entrée.

173, ligne dernière : effacez-en le dernier mot, *ici.*

192, ligne 17 : que les certains, *lisez* que certains.

La phrase qui termine le premier alinéa de la page 173 semble présenter un sens amphibologique. Après *antrum antiquum* un point et virgule, puis *lisez:* laquelle voie ne sera devenue escalier de la première grotte que plus tard. Le grand arceau qui sert intérieurement de dégagement à cet escalier vient à l'appui de cette proposition, ayant laissé entrevoir en le démolissant des traces d'un ouvrage antérieur à son établissement.

www.ingramcontent.com/pod-product-compliance
Ingram Content Group UK Ltd.
Pitfield, Milton Keynes, MK11 3LW, UK
UKHW021055230726
13926UKWH00004B/1867